왜 우리는

쉽게 잊고

비슷한 일은

반복될까요?

왜 우리는 쉽게 잊고 비슷한 일은 반복될까요?

기억하는 사람과 책임감 있는 사회에 관하여

초판 1쇄 펴낸날 2024년 4월 16일

지은이 노명우
펴낸이 홍지연

편집 홍소연 이태화 차소영 서경민
디자인 박태연 박해연 정든해
마케팅 강점원 최은 신종연 김가영 김동휘
경영지원 정상희 여주현

펴낸곳 ㈜우리학교
출판등록 제313-2009-26호(2009년 1월 5일)
제조국 대한민국
주소 04029 서울시 마포구 동교로12안길 8
전화 02-6012-6094
팩스 02-6012-6092
홈페이지 www.woorischool.co.kr
이메일 woorischool@naver.com

ISBN 979-11-6755-241-9 43330

만든 사람들
편집 서경민
교정 백상열
디자인 위드텍스트, 박태연

기억하는 사람과
책임감 있는
사회에 관하여

왜 우리는 쉽게 잊고 비슷한 일은 반복될까요?

노명우
지음

우리학교

차례

작가의 말 6

1

금요일에 돌아오지 못한
2014년의 열일곱 살이 있습니다 11

2

달력에 표시되지 않은 재난도 있습니다 29

3

희생자의 눈으로 재난을 바라봅니다 61

4

재난 이후 우리는 반격과
기억의 갈림길에서 어디로 가게 될까요? 101

5

기억은 우리 모두가
책임지겠다는 약속입니다 135

6

우리 모두는 재난에 연루되어 있습니다 165

7

혼자 걷게 하지 않도록 함께 부르는 노래 199

작가의 말

안산으로 가는 지하철을 탔습니다. 서울역에서 탔더니 운 좋게도 좌석에 앉을 수 있었습니다. 그날의 사소한 행운을 만끽하고 있는데, 옆 좌석에 덩치가 아주 큰 청년이 앉더니 피곤했는지 곧 잠에 들었습니다. 잠든 청년의 몸은 제 쪽으로 자꾸 기울었습니다. 곤히 잠들었기에 자세를 바꿔 달라고 깨우기도 그래서 그냥 있었더니, 제 팔이 우람한 덩치의 어깨에 눌려 저렸습니다. 짜증이 났습니다. 자리 확보라는 작은 행운을 느낄 수 있었던 시간은 길지 않았던 것이지요. 붐비는 지하철에서 용케 앉을 자리를 얻은 오늘의 행운은 이렇게 끝나나 보다 생각하며 지하철 안 승객들을 살펴봤습니다.

지하철에 오른 사람은 각자 어딘가에 자리를 잡습니다. 그런데 어떤 사람은 한 정거장도 지나지 않아 자리를 얻지만,

어떤 사람은 하필이면 목적지가 같은 사람 앞을 선택한 나머지 내내 서서 가기도 하더군요. 작은 행운과 불행이 교차하는 광경을 보면서 삶이란 본래 이런 것이라 생각했습니다. 우리는 길을 걷다 튀어나온 보도블록에 발부리가 걸려 넘어지는 작은 불행 정도는 지하철에 타자마자 자리를 확보하는 작은 행운으로 잊으며 살아갑니다.

우리는 서로 '안녕'을 물으며 인사를 나눕니다. '안녕'이란 로또에 당첨될 정도의 굉장한 행운도 없고, 삶이 송두리째 붕괴하는 참사에 휘말리지도 않으면서 그저 그렇게 살아가는 날들의 연속으로 만들어집니다. 그래서 누가 제게 "안녕하세요?"라고 물으면 "안녕합니다."라고 답합니다. 별일은 없었으니 '안녕'한 것이죠. 안산으로 가는 지하철에서 물건을 팔던 행상도 "안녕하세요."라는 말을 건네며 1개 100원짜리 인삼 파스를 팔았습니다.

고잔역에서 내렸습니다. '단원고 4.16 기억교실'을 찾아갔습니다. 기억교실에 들어서며 아이들에게 어떤 인사말을 건네야 할지 몰랐습니다. "안녕하세요."는 아주 잘못 선택된 인사말임이 분명했습니다. 겨우 "이제야 왔습니다. 죄송합니다." 라고 말을 건네고 기억교실을 하나하나 찾아갔습니다. 복도를 걸으며 지하철 좌석 타령이나 하는 일상의 '안녕'에나 신경 쓰고 살면서 10년 전 "잊지 않겠습니다." 다짐했던 마음을 잊은 건 아닌지 자문했습니다. 기억교실을 떠나며 "잘 있어."

라고 인사하지 못했습니다. 그 대신 그날의 "잊지 않겠습니다."를 잊지 않겠다고 약속했습니다.

단원고등학교에는 가지 않을 생각이었습니다. 낯선 사람이 단원고등학교 주변에서 서성이며 구경하는 건, 그 이유가 무엇이든 적절하지 않다고 생각했기 때문입니다. '단원고 4.16기억교실'을 거쳐 '4.16 기억저장소'를 찾다가 길을 잃었는데 눈앞에 단원고등학교가 보였습니다. 단원고등학교 앞엔 마침 하교 시간인 듯 교복을 입고 거리를 오가는 학생이 많았습니다. 교문 입구에 걸린 플래카드가 눈에 들어왔습니다. "아무것도 하지 않으면 아무 일도 일어나지 않는다"라는 말이 쓰여 있고 그 옆에 학부모 이○○이라고 적혀 있었습니다. 그렇습니다. 우리가 기억하지 않으면, 기억을 통해 깨닫지 않으면, 기억을 통해 반성하고, 기억을 통해 사과를 요구하고, 기억을 통해 되풀이되는 재난에 중단 명령을 내리지 않는다면 영영 서로의 '안녕'을 차마 묻지 못하며 살 것입니다.

돌아오는 길에 안산에서 묻지 못했던 '안녕'을 사회에 물었습니다. 당신과 내가 그리고 우리가 살아가는 사회는 언제나 '안녕'할까요? '안녕'하지 못한 사람을 품고 있으면서도 '안녕'을 돌보지 않는 사회가 어찌 '안녕'할 수 있는지 끈질기게 사회에게 묻겠다고 다짐해 봅니다. '안녕'하지 못한 우리 시대의 사태를 외면하지 않겠다고 약속해 봅니다. 그 사정을 누군가는 기록해야 하고 분석해야 합니다. 누군가는 되풀이되는 '안녕하지 못함'의 궁극적인 원인을 분석해야 합니다. 그래야 우리 모두 "잊지 않겠습니다."라고 했던 그날의 약속을 지킬 수 있을 테니까요.

다시는 '안녕'하지 않음이 되풀이되지 않도록 '안녕'하지 못했던 과거를 기억하고자 이 책을 썼습니다. 책을 쓰는 동안 기억을 과거를 향하는 듯 보여도 기억의 시제는 미래여야 함을 깨달았습니다. 진정한 미래는 비슷한 일이 반복되었던 과거와 단절할 때 비로소 우리에게 다가올 것입니다. 비슷한 일이 반복되지 않는 그날을 생각하며, 사회가 '안녕'하여 이 책의 쓸모가 송두리째 사라지는 내일을 여러분과 함께 맞이하고 싶습니다. 그날을 위해 미래 세대와 이 책을 함께 읽고 완전히 달라진, 밝은 미래로 갈 수 있는 방법을 고민하고 싶습니다. 다 함께 그 미래를 향해 걸어갑시다. 여러분도 함께 해주세요.

1장

금요일에 돌아오지 못한 2014년의 열일곱 살이 있습니다

그날의 '왜'는 우리 모두의 '왜'가 되어야 합니다

2014년 4월 15일 화요일 오후 9시, 6,825톤급 대형 페리선이 인천항을 떠나 제주도를 향해 출발했습니다. 그다음 날 육지보다 빠르게 봄이 이미 한창인 남쪽의 섬에 도착할 예정이었지요. 그 배엔 업무차 승선한 이들도 있었지만 대다수 승객은 3박 4일 일정의 수학여행을 보낼, 경기도 안산시 단원고등학교 2학년 학생 325명과 인솔 교사 14명이었습니다. 열일곱 살의 봄, 말만 들어도 기분이 좋아지는 제주도 여행, 아직 대학입시의 부담이 코앞에 다가오지 않아 마음은 편한, 누구나 인생에서 가장 아름다운 때라고 칭송하는 바로 그 나이입니다. 수학여행 길에 오른 아이들로 가득한 그날 밤 그 배의 분위기는 충분히 짐작됩니다.

그 배는 당초 저녁 6시 30분에 출발할 예정이었습니다.

짙은 안개로 저녁 7시 10분에 승선은 했지만 시야 확보가 어려워 출항 여부가 불투명했지요. 끝내 안개가 걷히지 않으면 수학여행 자체가 취소되고 안산으로 돌아가야 한다는 불길한 소식도 들려왔습니다. 8시를 넘어서면서 안개가 걷히기 시작해 이윽고 출항 허가가 내려졌습니다. 배는 마침내 움직이기 시작했습니다. 지루한 기다림 끝에 이뤄진 출발이었기에 아마도 출항을 알리는 뱃고동 소리를 듣고 기쁜 마음에 손뼉을 친 학생도 있었겠지요.

인천을 떠난 배가 육지에서 제법 멀어진 밤 10시, 학생들은 선상 갑판에서 불꽃놀이를 하며 우여곡절 끝에 떠나게 된 수학여행의 추억을 사진으로 남겼습니다. 사진은 친구들에게 그리고 수학여행을 떠난 자녀의 소식이 궁금한 부모들에게 전송되었습니다. 수학여행 간다고 특별 용돈도 받았으니, 그날의 사진 전송은 나름 열일곱 살의 예의 차리기였겠지요. 밤 11시, 학생들은 인원 점검을 마쳤습니다. 이제 잠자리에 들었다가 다음 날 아침 7시 20분에 일어나면 정말 수학여행이 시작되는 겁니다. 그 밤 그 배에 탑승한 승객 447명은 저마다의 제주를 생각하며 잠에 들었을 것입니다.

밤새 배는 멀리 남쪽까지 이동했습니다. 다음 날인 수요일 오전 8시 48분, 제주가 그리 멀지 않은 전남 진도군 부근 맹골수도를 지날 때, 배는 돌연 항로를 변경했습니다. 그 순간 선체가 왼쪽으로 30도가량 기울었습니다. 8시 52분, 학생들은 119에 사고를 알렸습니다. 신고를 받은 목포 해경 소속 헬기가 9시 32분에, 9시 35분에는 연안 경비정이 도착했지만, 경비정은 선장과 선원만 태우고 떠났습니다.

그사이 배는 빠른 속도로 기울었습니다. 9시 35분에 배는 52.9도, 9시 46분에는 61.2도, 10시 10분엔 77.5도, 10시 17분 경 108.1도까지 기울더니 11시 18분이 되자 앞부분을 제외한 선체가 물속에 잠겼습니다.

승무원을 포함해 배에 타고 있던 476명 중 172명은 구조되었지만, 304명은 끝내 어디에도 도착하지 못했습니다. 단원고 학생 325명 중 250명, 14명의 교사 중 12명이 사망했습니다. 이 배의 이름은 우리가 잊지 못하는 세월호이고, 그날은 2014년 4월 16일입니다. 우리는 여전히 그날 오전의 충격을 생생히 기억하고 있습니다. 기울어진 채 바닷속으로 잠기는 배를 바라보았던 사람이라면 절대 잊을 수 없는, 아니 잊어서는 안 되는 참사였습니다.

수학여행을 떠난 학생들이 탄 배에 해양 사고가 발생했다는 뉴스가 막 전해질 때만 하더라도, 사고가 참사로 번지리라 예상한 사람은 없었습니다. 우리는 시스템을 믿었지요. 나중에 오보로 밝혀졌지만 전원 구조되었다는 속보를 접하곤 "그러면 그렇지." 하고 안심했습니다. 그러나 오보가 준 아주 잠깐의 안심 후에 망치로 뒤통수를 내리치는 듯한 충격이 뒤따랐습니다. 침몰하는 배가 화면으로 실시간 중계되고 있는데,

배 안에는 여전히 구조를 기다리고 있는 사람이 있는데, 구조 소식은 들려오지 않았고 배는 물속으로 사라졌습니다. 생방송으로 이 모습을 지켜봤던 우리는 눈으로 보고도 믿기지 않는 대참사의 목격자가 되었습니다.

4월 16일 세월호와 함께 우리가 공유하던 그리고 믿었던 상식 또한 침몰했습니다. 이렇게 큰 배가 저렇게 빨리 침몰하지는 않을 것이라는 상식적 예측, 구조 헬기가 출동했고 도움을 주려고 급박히 모여든 어선도 적잖이 보였기에 저 배는 지금 기울고 있지만 잘 훈련받은 정예 요원이 신속하게 투입되면 한 명씩 한 명씩 구조될 것이라는 믿음. 위급한 상황에서 패닉에 빠졌을지도 모르는 승객을 안심시키는 한편 전원 구조를 목표로 재빠르게 지휘하는 선장과, 선장의 지휘에 따라 일사불란하게 움직이는 선원에 대한 기대. 카메라가 배 내부를 비추지 못해서 선실 상황은 보이지 않았지만, 승객들은 구조를 기다리며 서로를 안심시키면서 동요 없이 잘 버티고 있으리라 우리는 믿었습니다.

그 모든 상식적 예측과 그날 실제로 일어난 일은 완벽하게 어긋났습니다. 해경은 사람들의 바람과는 달리 지리멸렬했습니다. 세월호 5층에 있던 선장을 포함한 선박직 승무원 15명이 승객 구조 임무를 도외시한 채 제일 먼저 도주했다는 사실을 뒤늦게야 알게 된 우리는, 국가가 국민을 보호할 것이라는 믿음도 그날 침몰했음을 알았습니다. 일반 승객은

108명 중 33명이 사망했지만 단원고 학생은 325명 중 250명이나 사망한 이 기이한 사망률 차이가, 아이들이 구조를 기다리며 "가만히 있으라."라는 안내 방송을 믿고 따랐기 때문이라는 사실을 나중에 알게 되었을 때 우리는 "이게 나라냐." 하고 울분을 토했습니다.

단원고 2학년 1반 문지성 학생의 아버지 문종택 씨의 말처럼* 세월호는 전부 '왜'라는 물음에서 시작해 '왜'라는 물음으로 끝납니다. '왜' 세월호는 그날의 기상 상황에도 불구하고 출항했을까요? '왜' 세월호는 규정을 어기고 과적했을까요? 무엇보다 이 모든 점을 감안하더라도 '왜' 승객을 구하지 못했을까요? 그날의 '왜'는 우리 모두의 '왜'가 되어야 하고, 세상의 모든 참사를 들여다보는 틀이 되어야 합니다. 그리고 우리는 '왜'라는 물음 끝에 답을 얻어야겠지요.

---

* 4·16 세월호 참사 시민기록위원회 작가기록단, 『금요일엔 돌아오렴』, 창비, 2015년, 187쪽.

참사 이후
우리는 그 이전으로
돌아갈 수 없습니다

살다 보면 이 일 저 일 다 겪는 것이 우리의 삶입니다. 빙판길에 재수 없게 넘어지기도 하고, 겨우 한 입 먹은 아이스크림을 땅에 떨어뜨리기도 합니다. 빙판길에 넘어져 옷만 더러워졌다면 그나마 다행입니다. 세탁하면 되니까요. 좀 더 운이 나빠서 골절상을 당해도, 깁스하고 치료받는 동안 활동이 불편할 뿐 일정 시간이 지나면 금 가고 부러진 뼈는 회복됩니다. 사고 이전으로 되돌아가 거의 원상회복되는 것이지요.

그러나 원상회복이 불가능한 경우가 있습니다. 죽음이 그렇습니다. 상해와 죽음 사이에는 절대적 차이가 있지요. 상해는 원상회복의 가능성을 남겨 놓지만, 죽음은 원상회복을 허락하지 않습니다. 인간은 한번 죽으면 살아 있던 상태, 죽음 이전의 상태로 되돌아갈 수 없습니다. 그래서 모든 죽음은 누구의 죽음이든 비극이지요. 때 이른 죽음, 예기치 못한 죽음을 접하고 받는 충격은 이 세상 어떤 충격과도 비교할 수 없는 절대적 충격입니다.

인간의 삶은 유한합니다. 인간은 영원히 살 수 없기에 언젠가 세상을 떠나야 합니다. 자신이 언젠가는 죽는다는 사실을 알고 있어도, 죽음이 다가오는 그 순간에는 누구나 고통을 겪습니다. 죽음은 사랑하는 사람과의 영원한 이별을 뜻하니까요. 그런데 그 죽음이 너무나 때 이른 죽음이라면, 게다가 예기치 못한 무고한 죽음이라면 그 죽음은 남겨진 이들에게 온몸을 뒤흔드는 충격을 주고 살을 에는 듯한 깊은 고통을 남깁니다. 때 이른 죽음, 예기치 못한 죽음, 까닭 없는 죽음이 스며 있는 참사 이후, 우리는 결코 참사 이전으로 돌아갈 수 없습니다. 원상회복이 원천적으로 불가능한 사고, 상처의 치유를 가져다주는 망각이 허락되지 않는 사고, 그것을 우리는 재난이라 부릅니다.

삶은 마음먹기에 따라 달라 보인다고 말합니다. 전혀 틀린 말은 아닙니다. 맑은 눈으로 세상을 보면 세상의 밝은 면이 눈에 띄기 마련이고, 우울한 날엔 세상이 죄다 못마땅하고 우중충해 보이는 것도 사실이니까요. 우리는 당연히 밝은 세상을 원합니다. 염세주의자가 아닌 이상 기왕이면 긍정적이고 쾌활한 세상에서 살기를 원하지요. 물론 밝은 세상을 기대한다고 세상이 우리의 바람처럼 밝은 곳이 되는 건 아닙니다.

좋은 기운으로 온 세상이 가득 채워지길 바라지만 그건 희망 사항일 뿐, 세상은 양면적입니다. 이 세계는 밝고 긍정적이고 따듯하고 상식적이고 이성적이면서도, 동시에 냉혹하고 어이없고 잔혹하고 이기적입니다. 이치대로 돌아가는 면이 설명되지 않는 면과 교차하는 곳이지요.

나쁜 일이 생기면 그냥 툴툴 털어 버리고 잊으라고들 말합니다. 세월이 약이라고 합니다. 하지만 어떤 날 불행한 사건은 잊을 수 있는 나쁜 일이겠으나, 잊을 수 없는, 아니 잊혀서는 안 되는 나쁜 일도 있습니다. 참사는 우산 없이 외출해 비를 맞을 수밖에 없었던 어느 재수 없는 날과는 다른 것이니까요. 비를 쫄딱 맞고 있는 그 순간엔 그날의 불운을 한껏 탓하지만, 다음 날 맑은 하늘 아래 우리는 바로 어제의 일도 완벽하게 잊습니다. 끔찍한 열대야와 모기의 습격으로 밤새 잠 못 이루던 지난여름의 불쾌한 기분도, 상쾌한 가을바람을 맞자마자 어느새 잊고 마는 것처럼요.

재난은 다릅니다. 재난은 잊으려 해도 잊을 수 없는 상흔을 남깁니다. 잊고 있는 줄 알았다가도 수학여행이라는 단어

만 들으면, 2014년 4월 16일 이후의 한국인은 세월호를 떠올립니다. 그해 4월 세월호와 함께 세상의 상식이 침몰하는 것을 보며 내뱉었던 "이게 나라냐."라는 푸념을 여전히 되풀이합니다. 습관적으로 별 뜻 없이 말해 오던 엘리엇의 시 「황무지」에 등장한다는 "4월은 잔인한 달"이라는 시구절을, 세월호 이후의 우리는 마음이 아려 쉽게 내뱉을 수 없습니다.

사람은
인간으로 태어나지 않고,
인간이 되어 갑니다

세상의 밝은 면만 보며 인생을 살다가, 재난과 직간접적으로 연결되지 않은 채 삶을 마친다면 정말 좋겠지요. 하지만 그런 '끝내주는' 인생은 불가능합니다. 재난이 일상화된 오늘날의 세계에서 그 어떤 참사에도 휘말리지 않고, 그 어떤 참사도 목격하지 않으면서 인생을 살아 낼 가능성은 희박합니다.

프랑스의 계몽사상가이자 뛰어난 작가였던 볼테르는 일종의 철학적 콩트인 『캉디드 혹은 낙관주의』라는 책을 남겼습니다. 주인공 이름인 캉디드candide는 프랑스어로 순진하다는 뜻입니다. '순진한' 캉디드는 독일의 베스트팔렌 지역에 있는 한 성에서 팡글로스 교수의 가르침을 받고 자랍니다. 팡글로스 교수는 낙관론의 신봉자로 캉디드에게 "우리가 살고 있는 세계는 가능한 모든 세계 중에서 최선의 세계The Best of All Possible

World"라고 가르치지요. 순진한 캉디드는 그 가르침을 그대로 받아들여, 이 세상은 아름다운 최선의 세계라고 믿게 됩니다.

그러나 안타깝게도 불행한 일이 생겨 캉디드는 "가능한 모든 세계 중에서 최선의 세계"인 베스트팔렌의 성에 영원히 머물지 못하고 쫓겨납니다. 쫓겨난 캉디드는 이론과 희망 속의 세상이 아니라 실제 있는 그대로의 세상과 맞부닥칩니다. 그는 무고한 사람이 화형당하는 종교 재판을 목격하고, 처참한 인종 사냥과 살육의 현장을 겪고, 도시를 통째로 산산조각 내는 리스본 지진 같은 자연재해도 겪습니다. 그는 살면서 온갖 억울한 일을 당한 여러 인물을 만나고 그들의 이야기도 듣습니다. 그러면서 세상은 "가능한 모든 세계 중에서 최선의 세계"가 절대 아니라는 것을 깨닫지요. 캉디드는 무조건적인 낙관주의로부터 벗어나 진짜 '인간'으로 성장하기 시작합니다. 부에노스아이레스로 향하는 배에서 새벽이 올 때까지 수많은 이들의 사연을 들은 캉디드는 이렇게 생각하지요.

> 분명 모든 것이 순조로운 곳이 있다면,
> 그곳은 엘도라도이지, 이 지상의 다른 어느 곳도 아니다.*

인간은 독립된 성인이 되기 전까지는 가족과 사회의 보

---

* 볼테르, 『캉디드 혹은 낙관주의』, 1759년. '엘도라도'는 16세기 사람들이 남아메리카에 있다고 상상한 황금의 나라이다.

호를 받지만, 아니 받아야 하지만 언제까지나 보호 속에 있을 수는 없습니다. 언젠가는 보호받는 존재에서 독립된 존재로 탈바꿈해야 합니다. 보호받는 존재가 독립된 존재로 다시 태어나는 그 전환을 우리는 성장이라 부릅니다. 키가 자라고 몸무게가 늘고 2차 성징이 나타나는 신체적 성장도 겪고, 사춘기를 거치며 심리적 변화도 겪지만, 인생에서 가장 중요한 성장은 “가능한 모든 세계 중에서 최선의 세계”만을 보던 삶에서 벗어나 엄연히 존재하는 세상의 어두운 면을 외면하지 않고 마주할 용기를 갖추는 것이겠지요. 헤르만 헤세의 『데미안』 속 주인공들이 그랬던 것처럼요.

『데미안』의 등장인물인 싱클레어는 『캉디드 혹은 낙관주의』의 팡글로스 교수의 주장처럼 어두운 세계는 마치 존재하지 않다는 듯이 마냥 안온하기만 한 분위기의 가정에서 자랐습니다. 가족의 보호 아래에서 온실 속 화초 같던 싱클레어는 여러 경험을 거치며 ‘청결, 질서, 존경, 안식, 올바름’이 가득한 밝은 세계 바로 옆에 ‘어두운 세계’가 공존함을 어렴풋이 감지합니다. 그러나 그의 부모님은 ‘거짓말, 폭력, 악취, 타락, 죽음’이 난무하는 거칠고 잔인한 세계가 마치 세상에 존재하지 않는 것처럼 그에 관해 언급조차 하지 않지요. 싱클레어는 엄연히 실재하는 어두운 세계를 겪으며, 데미안이 그에게 보낸 편지의 문구처럼 ‘알을 깨고 나와’ 미성년의 상태에서 벗어나 비로소 성장합니다.

우리는 낙관론만으로는 설명되지 않는 세상, 낙관론이 보여 주지 않으려는 '어두운 세계'와 대면해야 합니다. 우리가 〈배트맨〉의 고담 시티를 지배하는 악당 조커처럼 어둠의 편이어서가 아닙니다. 낙관론은 세상을 사실 그대로 설명하지 못하기 때문이지요. 우리는 유토피아를 꿈꾸지만, 세상은 결코 유토피아가 아닙니다. 유토피아가 아니기에 우리가 살아가는 이 세계에선 일어나면 좋은 일뿐만 아니라 일어나서는 안 되는 일 또한 심심찮게 벌어집니다. 이 세상은 마냥 밝기만 한 곳이 아니라 밝은 면만큼이나 큰 어두운 면으로 이루어져 있습니다. 만약 우리가 밝은 면만 본다면 우리는 세상을 제대로 보지 못하는 것입니다. 성장이란 다름 아니라 현실을 있는 그대로 직시하는 눈을 갖추는 변화를 의미합니다.

성장에는 고통이 따릅니다. 산타클로스가 존재하지 않음을 알게 되었을 때 받은 충격은 예행연습에 불과합니다. 어른이 되어도 여전히 산타클로스의 존재를 믿는 이를 천진난만하다 칭찬하지 않지요. 순진함과 세상 물정 모름은 한 끗 차이입니다. 사실 그대로의 세상을 외면하는 순진함은 허약합니다. 성장한다는 것은 강해진다는 의미이기도 합니다. 강해지려면 세상을 있는 그대로 인식해야 하지요. 있는 그대로 아는 것이 제대로 아는 것입니다. 그래서 고통스러워도 세상의 재난 앞에서 눈을 감지 말아야 합니다. 재난을 들여다보고 희생자의 목소리를 듣는 일은 고통스럽지만, 우리가 '인간'이

되려면 반드시 겪어야 하는 일이기 때문입니다.

인간으로서 마땅이 갖추어야 할 것, 즉 인간을 인간으로 만들어 주는 것을 인격이라 부릅니다. 인격은 인간을 인간으로 만들어 주는 너무나 중요한 요소이지만, 인간은 인격을 갖춘 존재로 태어나지 않습니다. 인간은 인격을 갖춘 인간이 될 가능성만을 지닌 채 이 세상에 왔습니다. '성장'은 그 가능성만 지녔던 인간이 인격을 갖추며 변화하는 과정입니다.

'성장'은 물리적 크기의 확장만을 의미하지 않습니다. 키가 자랐다고 모두 '성장'했다고는 할 수 없습니다. 우리는 어떤 사람이 비로소 인격을 갖추기 시작할 때, 아니 인격을 갖추어야 한다는 다짐을 할 때, 인격을 갖추지 못한 자신의 존재에서 부끄러움을 느낄 때 '성장'했다고 말합니다.

사람은 세상을 홀로 살아갈 수 없습니다. 우리 각자는 동시대인과 함께 살아갑니다. 우리는 타인과 경쟁도 하지만 우리 모두를 위해 서로 돕기도 합니다. 나의 관점에서 세상을 바라보기도 하지만 성숙한 사람이라면 타인의 관점에서 세상이 어떻게 보이는지 알려고 노력합니다. 성숙한 사람은 비록 자신은 밝은 세계에 있다 하더라도 세상의 어두운 면을 내 일이 아니라서 "내 알 바 아니다."라고 하며 외면하지 않습니다. 세상의 어두운 면에 시선을 돌리지 않고 고통의 목소리에 귀 막지 않는 사람, 마땅히 갖추어야 할 '격'을 갖춘 인격적 존재로 거듭나는 것은, 인간이라면 도달해야 할 인생의 목표가 되어야 합니다.

사람이 인격을 갖추며 성숙하듯, 사람이 모여 사는 세상도 성숙을 통해 더 나아져야 합니다. 밝은 면만 본다고 세상이 저절로 좋아지지는 않습니다. 우리가 살고 있는 세계가 좀 더 좋아지기를 바란다면 어두운 면이 줄어들어야 합니다. 어두운 면을 줄일 수 있는 방법을 찾아내고자 한다면 무엇보다 어둠을 제대로 알아야 합니다. 지금부터 우리는 되풀이되는 재난의 역사를 있는 그대로 들여다보며 어둠이 어디 있는지부터 살펴보겠습니다.

2장

달력에 표시되지 않은 재난이 있습니다

달력에서 기념하지 못하는 날들을 세어 봅니다

인쇄된 달력이 옆에 있다면 한번 펼쳐 보세요. 달력은 천체 관측의 결과 보고서라 할 수 있지요. 우리가 사용하는 달력은 지구가 태양을 한 바퀴 도는 시간인 공전 주기를 1년으로 계산해 이를 365일의 나날로 나눈 태양력입니다. 달이 차고 기우는 현상을 기초로 한 달력은 태음력, 통상 음력이라고 부릅니다. 일반적으로 달력은 태양력을 기본으로 삼아 음력을 작은 글씨로 표시합니다. 봄이 시작되는 입춘이나 겨울의 시작을 알리는 입동처럼 계절의 변화를 알려 주는 24절기도 적혀 있습니다. 평일은 검은색, 일요일은 한 주의 시작이자 동시에 쉬는 날임을 강조하기 위해 빨간색을 사용합니다. 일요일이 아닌데도 빨간색으로 표시된 날이 있는데, 이른바 법정 공휴일입니다.

현재 우리나라 달력에는 '각종 기념일 등에 관한 규정'에 따라 지정된 5개의 국경일과 53개의 기념일이 표시되어 있습니다. 먼저 국경일부터 찾아볼까요? 국경일은 단어를 구성하는 각각의 한자어 자체가 그 의미를 잘 표현해 줍니다. 국國은 나라라는 뜻이고 경慶은 축하celebration할 만한 일이라는 뜻이니, 국경일은 국가적 차원에서 축하하는 날이지요. 어떤 날을 국경일로 삼는지에 따라 그 나라가 추구하는 기본적인 가치와 철학이 드러납니다. 국경일이 나라마다 다른 것도 당연히 그 때문이지요. 7월 14일은 프랑스의 국경일로, 혁명 기념일입니다. 프랑스 대혁명의 발단이 되었던 바스티유 감옥을 습격한 날이 7월 14일이었기 때문입니다. 7월 4일은 미국의 국경일인 독립 기념일로, 영국의 식민지에서 벗어나 독립 국가가 된 것을 축하하는 날이지요. 러시아는 세계 대전에서 승리한 5월 9일을 전승 기념일로 축하합니다.

한국의 국경일은 3·1 독립 정신을 계승 발전하는 3·1절, 대한민국의 헌법이 제정된 7월 17일의 제헌절, 잃어버린 국권의 회복을 경축하는 8월 15일 광복절, 홍익인간의 개국 이념을 계승하는 10월 3일 개천절, 문화유산의 자긍심을 고취하는 10월 9일 한글날 등입니다. 대한민국이라는 국민 국가의 특징이 국경일에 잘 반영되어 있지요.

달력에는 국경일 이외에도 법정 공휴일이 표시되어 있습니다. 새해 첫날과 음력 설날 그리고 추석은 절기의 변화를 반영한 공휴일입니다. 부처님 오신 날과 크리스마스는 한국에서 가장 많은 사람이 믿고 있는 종교가 불교와 기독교인 까닭에 법정 공휴일이 되었지요. 그런데 현충일은 특이한 법정 공휴일입니다. 다른 날들이 기쁨, 경사, 축하와 연관되어 있는데 유독 현충일만이 순국선열과 전몰장병을 추모하는 추념追念, look back일입니다.

본래 기념紀念·記念, commemoration은 좋은 일과 나쁜 일을 구별 없이 기억하려는 행위를 표현하는 단어이지만, 보통 좋은 일을 표현할 때 사용되다 보니 불행한 일을 잊지 않고 기억할 때는 '추념'을 사용합니다. 현충일은 대표적인 추념일이지요.

계절의 순환과 국가의 경사 그리고 모두가 기억해야 할 의미 있는 과거의 사건들이 들어 있는 달력을 펼치면 어두운 세계보다는 밝은 세계가 더 많이 눈에 들어옵니다. 달력이 역사책은 아니지만 하루하루가 쌓여 역사를 이루기에, 달력에는 가급적 밝은 세계만 드러내고자 하는 우리의 의도가 강하게 드러납니다.

경사스러운 날이 더 많이 기록되어 있는 달력은 캉디드가 살던 베스트팔렌의 성, 싱클레어가 자란 안온한 가정의 분위기를 닮았습니다. 달력에는 캉디드가 성에서 쫓겨난 뒤에 겪었던 악의 세계, 싱클레어가 성장하면서 부딪힌 어두운 세계는 기록되어 있지 않습니다. 물론 축하해야 할 날은 축하해야겠지만 우리가 축하해야 할 날만 기억·기념하고 인간 세계의 어두운 면을 기억하지 못한다면 우물 안 개구리를 벗어나지 못할 것이기에, 달력에 기록되지 않았다고 해서 실제로 존재하는 어두운 세계를 도외시하지 말아야 합니다.

인간은 앞날을 내다볼 수 없습니다. 아무리 미래를 잘 설계하고 대비해도 자기 의지와는 상관없이 돌연 비극에 휘말리기도 합니다. 그것을 사고accident라 합니다. 사고를 예측하고 피할 수 있다면 좋겠지만 어느 누구도 사고를 미리 알아챌 수 없습니다. 자동차를 운전한다고 모두 사고를 겪지는 않습니다. 그러나 어떤 사람은 교통사고를 당합니다. 본인의 실수로 사고가 일어나기도 하지만 자신은 잘못하지 않았는데도 교통사고의 피해자가 될 수 있습니다.

좋은 일과 나쁜 일은 인간에게 운運, fortune에 따라 배분됩니다. 운에 따른 배분은 필연이 아니라 전적으로 우연偶然입니다. 좋은 것이 배분되면 행운幸運, luck이, 나쁜 일이 배분되면 악운惡運, bad luck이 되지요.

악운이어도 원상회복이 가능하다면, 심리적 충격을 받았다 하더라도 회복 탄력성에 의해 악운을 당하기 전으로 돌아갈 수 있다면 괜찮습니다. 사고로 신체적 상해를 입었더라도 치료를 통해 이전으로 회복할 수 있다면 그래도 견딜 만합니다. 하지만 어떤 악운이 한꺼번에 많은 사람에게 나쁜 영향을 끼친다면, 악운으로 인한 충격이 원상회복이 불가능할 정도로 불가역적이라면, 악운이 무고한 희생자를 만들어 낸다면 그것은 더 이상 악운이 아닙니다. 그것은 분명한 재난입니다.

365일이 모여 1년이 되고, 1년이 100번 모이면 한 세기가 되지요. 호모 사피엔스의 역사는 짧게 잡으면 20만 년, 보다 넉넉하게 추정하면 30만 년이니 그 긴 세월 동안 인간이 겪은 재난으로 인한 파국을 쌓아 올린다면 그 산은 얼마나 높아질까요? 무엇이 매우 크거나 많을 때 우리는 자주 태산에 빗대곤 합니다. 달력에 낱낱이 기록되지 않은 재난 또한 태산과 같겠지요. 그 태산 같은 재난을 모두 살펴보는 일은 불가능하기에 태산의 아주 작은 일부인 지난 20세기부터 현재에 이르기까지의 재난을 좀 더 자세히 들여다보려고 합니다. 여러분이 이미 여러 경로로 들어서 알고 있는 재난도 있고, 잘 몰랐던 재난도 있을 겁니다. 들어 본 재난이라면 혹시 '잘 알고 있다.'는 생각으로 인해 놓치고 있었던 사실은 없는지를 염두에 두면서, 몰랐던 재난이라면 '왜 이런 재난이 알려지지 않았을까?'라는 질문을 던지며 살펴보도록 하지요.

병사는 전쟁을 지휘하는 장군과는 다른 경험을 합니다

단테가 『신곡』에서 상상한 지옥은 한 줌의 볕도 들지 않는, 희망이라곤 그림자조차 찾아볼 수 없는 곳입니다. 그 지옥의 밑바닥을 '주데카'라 불렀는데, 전쟁이야말로 인간의 잔인성과 야만성, 죽음에 대한 윤리적 감각의 마비까지 더해져 가장 주데카를 닮은 현실이 아닐까 합니다. 그런데 달력에 표시된 전쟁은 그렇게 어두워 보이지 않습니다. 어느 나라든 전쟁을 승리의 역사로 기억하고 싶어 하기에 국가가 기념하고 관리하는 전쟁의 공식 기억은 재난의 분위기를 풍기지 않지요. 프로이센-프랑스 전쟁에서의 승리를 기념하는 베를린 전승 기념탑은 프로이센의 승리를 축하하는 기념비입니다. 프로이센 입장에서는 이 전쟁이 승리의 역사로 기록되겠지만 프랑스 측에서 이 전쟁은 축하할 일이 아닙니다. 파리에는 대신 에투 알 개선문이 나폴레옹 전쟁의 승리를 기념하고 있지요.

국가 단위로 전쟁을 조망하면 전쟁은 이겼거나 패배했거나, 즉 승패를 기준으로 구분됩니다. 전쟁에 관한 국가의 공식 기억은 마치 전쟁이 영웅의 대활약을 위해 잘 준비된 무대장치인 양 그 어떤 비극도 없는 듯 보입니다. 그러나 전쟁은 승패 여부와 상관없이 그 자체로 참혹한 재난입니다. 승리 여부로 전쟁을 바라보면 전쟁은 전승비를 통해 기억되지만, 재난의 관점에서 전쟁을 살펴보면 우리는 삶이 송두리째 뿌리 뽑힌 이들의 비극을 만나게 됩니다. 전쟁이 불가피하다고 선전 포고를 하는 통치자의 눈이 아니라, 막사에서 작전 지도를 펼쳐 놓고 명령을 내리는 장군의 시선이 아니라, 어느 날 왜 싸워야 하는지도 모르는 채 돌연 징병되어 전쟁터로 내몰린 평범한 병사의 관점에서 전쟁을 바라보면 어떨까요?

레마르크는 소설 『서부 전선 이상 없다』에서 병사들을 '빈혈에다가 요양이 필요한 소년들이다. 수천 명에 달하는 이들은 배낭조차 짊어질 힘이 없지만 죽을 목숨이라는 것은 알고 있다. 이들은 전쟁에 대해 아무것도 모르고 그저 앞으로 나아가다가 무참히 사살당하고 만다.'* 라고 묘사합니다. 왜 싸워야 하는지 모르는 채 전쟁에 끌려온 어린 병사들의 운명은 '기차에서 방금 내려 엄폐물이 무엇인지 알기도 전에, 단

---

* 에리히 마리아 레마르크, 홍성광 옮김, 『서부 전선 이상 없다』, 열린책들, 2009년, 290쪽.

한 대의 전투기가 심심풀이로 이들 두 개 중대를 간단히 쓸어버'리며 끝나지요. 전쟁은 사람의 삶을 박살 냅니다. 그것도 한두 명이 아니라 이루 헤아릴 수 없을 정도로 많은 사람의 삶을요.

징병제에 의한 대규모 보병전이 펼쳐지던 20세기, 소총을 든 보병들은 전쟁터를 두 발로 행군하며 전투에 투입되었습니다. 그래서 20세기에 벌어진 전쟁은 그 이전 세기와는 비교할 수 없을 정도로 어마어마한 규모의 인명 피해를 초래했지요. 특히 1차 세계 대전에서는 야생의 산야에서 벌이는 이른바 야전이 주요 형태였습니다. 야전은 적의 공격을 방어하기 위해 땅을 파서 만든 참호를 기반으로 무장한 병사들이 근접하여 전투를 벌이는 백병전白兵戰, hand-to-hand combat으로 벌어졌기에, 그 이전의 전쟁에서는 찾아볼 수 없는 대량의 인명 피해가 발생했습니다. 1차 세계 대전에서 자그마치 938만 1,551명의 군인이 죽고, 2,249만 3,681명이 부상을 당했습니다. 2차 세계 대전에서 목숨을 잃은 사람은 민간인을 포함해 최소 5,000만 명에서 7,000만 명에 이릅니다.

전쟁은 군인들만 연루된 사태가 아닙니다. 전쟁이 일어나면 교전국에 살고 있는 모든 사람이 전쟁 속으로 휘말려 들어갑니다. 후방에 남겨진 가족이라고 안전하지는 않습니다. 전쟁을 문명적인 방법으로 치르기 위해 국제법은 최소한의 원칙으로서 민간인 살해를 엄격히 금지하고 있지만, 실제 전쟁에서 그 최소한의 원칙은 비상사태를 핑계로 지켜지지 않는 경우가 많습니다. 절대 벌어져서는 안 되는 민간인 학살이, 전시에는 어쩔 수 없다는 구실로 번번이 자행되는 게 전쟁입니다.

전쟁은 병사의 원한 감정에서 출발하지 않습니다. 직접 전투에 참가하도록 동원되고 징용되는 병사의 뜻과 관계없이 전쟁이 시작되지요. 전쟁이 일어나면 사람들의 일상적인 삶은 중단됩니다. 전쟁은 평범한 사람들이 통제할 수 없는 힘의 격랑 속으로 사람들을 몰아세웁니다. 아르메니아 사람들이 그랬습니다.

1915년에서 1916년 사이 지극히 단순한 이유로 아르메니아 사람들은 학살되었습니다

지도에서 현재의 튀르키예가 있는 지역을 살펴보세요. 튀르키예와 북쪽으로 국경을 맞대고 있는 나라 아르메니아를 바로 찾을 수 있습니다. 아르메니아는 아르메니아 사도 교회Armenian Apostolic Church를 믿는 기독교 국가입니다. 1차 세계 대전이 발발하기 전인 1908년, 튀르키예는 아직 오스만 제국에 속해 있었고 쿠데타로 집권한 청년 튀르크 당이 통치하고 있었습니다. 청년 튀르크 당은 과거 강력하고 거대한 이슬람 국가였던 오스만 제국의 영광을 되찾고자 오스트리아-헝가리 제국, 독일과 동맹을 맺고 세계 대전에 참가합니다.

그런데 1차 세계 대전 이전에 벌어진 1877년의 러시아-오스만 제국 전쟁에서 러시아는 아르메니아인이 살고 있던 튀르키예 북동부를 점령했습니다. 지리적으로 인접한 오스만 제국에 적대적이었던 러시아는 범기독교 국가이자 범슬라브 지역이라는 구실로 오스만 제국에 저항하는 아르메니아 민족주의 운동의 편을 들었지요. 러시아와 전쟁을 벌이는 오스만 제국에게 아르메니아는 잠재적인 위험 요소가 되었습니다.

1911년, 청년 튀르크 당은 테살로니카에서 열린 비밀회의에서 튀르키예에 거주하는 아르메니아인을 절멸시킬 계획을 세우고 실제로 그 계획을 실행에 옮기고 말았습니다. 먼저 군대와 행정부 내에서 아르메니아인을 추방했고, 그다음에는 아르메니아인 저명인사들을 추방하는 것으로도 모자라 100만 명이 훨씬 넘는 민간인을 무차별적으로 학살했습니다. 1915년 당시 오스만 제국의 내무부 장관이자 사실상 지도자였던 메흐메트 탈라트 파샤가 보낸 편지 중 일부를 읽어 보겠습니다.

> '어떤 사람들'을 추방하는 목적은 미래를 위해서, 우리의 조국을 보호하기 위해서이다. 그들은 어디에라도 살아 있다면 절대 선동적인 생각을 버리지 않을 것이다. 그래서 우리는 그들의 수를 가능한 한 줄여야 한다. 부모들이 어떤 고문을 당했는지 기억하지 못하는 고아들만 수용하고 보호하도록 하라. 다른 고아들은 추방 행렬과 함께 보내라.*

---

* 파올로 코시, 이현경 옮김, 『메즈 예게른』, 미메시스, 2011년, 95쪽.

죽은 아이 옆에 무릎을 꿇고 앉은 아르메니아 학살 생존자.

1차 세계 대전이 발발하기 전날, 오스만 제국에 살고 있던 아르메니아인 절반이 체포되어 시리아와 메소포타미아에 설치된 수용소로 떠나야 했습니다. 이 강제 이주 중에 집단 학살로 희생된 사람은 150만 명에 이른다고 알려져 있습니다. 아르메니아 사람들은 그날의 학살을 메즈 예게른[Medz Yeghern], 즉 '대재앙'이라 부릅니다. 20세기는 이처럼 집단 살해, 즉 제노사이드[genocide]로 새로운 세기의 시작을 알렸지요.

1919년 튀르키예에 추모비가 세워졌으나 3년 만에 파괴되었다.

제주에서는 동백꽃이 떨어졌습니다

1차 세계 대전이 끝나고 얼마 지나지 않아 다시금 세계 대전이 일어났습니다. 2차 세계 대전은 한반도에도 중요한 변화를 불러왔습니다. 패전국인 일본의 식민지였던 우리는 1945년 8월 15일 해방을 맞이했습니다. 세월호의 목적지 제주도에서도 식민지로부터의 독립을 축하했습니다. 해방 이후 3·1절은 결코 그냥 지나칠 수 없는 기쁜 날이었지요. 1948년 봄, 제주시 북초등학교(현재의 제주북초등학교)에서도 '제28주년 3·1절 기념 제주도 대회'가 열렸습니다. 해방은 되었으나 정부 수립 문제가 아직 결정되지 않은 상황인 터라 기념행사는 정치적 열기로 뜨거웠습니다. 1945년 8월 15일 우리는 일본 제국주의 지배로부터 해방되었지만 해방과 동시에 독립 정부를 구성하지는 못했습니다. 한반도는 2차 세계 대전의 승전국인 미국과 소련이 각각 남과 북으로 분할해 통치하는 군정 상태였습니다. 한반도에 어떤 정부가 들어서야 하는지, 언제 독립 정부가 들어서야 하는지는 모든 사람의 관심사였는데 결정된 바는 없었습니다. 제주도에서 기념행사가 열리던 1948년은 통일 정부가 들어서야 하는지, 남과 북 각각 단독 정부 수립이 불가피한지를 놓고 갈등이 격화되던 때였지요.

그날 북초등학교에 무려 3만 명의 사람이 모였다고 합니다. 대회가 끝난 후 '통일 독립'을 외치면서 참가자들이 가두시위를 벌였는데, 시위대가 관덕정 서쪽으로 빠져나갈 즈음 기마경찰의 말발굽에 어린아이가 치여 다치고 말았습니다. 그러나 기마대는 다친 아이를 방치했고, 흥분한 시위대는 기마대를 향해 돌을 던지며 거세게 항의했습니다. 오후 2시 45분경, 미군정 경찰은 관덕정 광장 앞에 있던 제주경찰서 망루에서 군중을 향해 발포했습니다. 민간인 6명이 사망하고 8명이 부상을 당했지요. 경찰은 정당방위라고 주장했지만 사망자 6명 중 1명은 아기를 업은 여성이었던 점, 학생과 단순 구경꾼이었던 사망자가 앞이 아닌 등에 총을 맞았다는 점은 경찰의 주장을 믿기 어렵게 만들었지요. 이날 이후 제주 민심은 들끓었습니다.

제주도민은 3월 10일에 시작하여 22일까지 이어진 총파업으로 경찰의 민간인 발포에 항의했습니다. 경찰과 도민 사이의 갈등은 1948년 4월 3일 남로당 제주도당 무장대가 경찰서들을 습격하고 경찰 4명, 무장대 2명, 민간인 8명이 사망하는 사건을 정점으로 파국으로 치닫습니다. 경찰은 무장대에 보복한다는 명분으로 강력한 토벌을 예고했습니다.

제주 지역 토벌 사령관 송요찬은 무장대의 은신처를 제거한다는 명분으로 "해안선에서 5킬로미터 이상 지역은 적성敵性 구역으로 간주하고 그곳에 출입하는 사람들은 무조건 사살하겠다."라는 무시무시한 포고령을 내리지요. 제주 사람들은 해안가보다는 흔히 중산간 지역이라 부르는 곳에 마을을 이루고 살았는데 포고령에 따라 이곳은 졸지에 적대 세력이 머무는 적성 구역이 되어 버렸고, 당장 마을을 비우고 떠나라는 소개령을 따르지 않으면 누구든 폭도로 간주되었습니다. 토벌대는 마을이란 마을은 다 불살라 버렸고, 마을을 떠나지 않은 사람은 어린이건 노인이건 가리지 않고 사살했습니다.

지금 우리가 제주도에 비행기를 타고 갈 때 이착륙하는 제주공항 자리에서도 학살이 있었습니다. 당시 스물네 살이던 목격자는 '사람들 죽이려고 광목으로 눈가리개를 하고 비행장 쪽으로 싣고 가는 걸 봤어. 나중에 알아보니까 그때 비행장에서 800명을 죽여 버렸다고 했어.'라고 말하며 그 장면이 '잊어버려지지 않는다'라고 증언합니다.*

'제주 4·3사건 진상 규명 및 희생자 명예 회복 위원회'가

---

* 제주 4·3 70주년 기념사업회, 『4·3이 머우꽈?』, 도서출판 각, 2018년, 29쪽. 추순선의 증언.

확정한 희생자 수는 2023년 기준으로 1만 4,738명인데, 진상 조사 보고서는 4·3 당시 인명 피해를 2만 5,000명에서 3만 명으로 추정합니다. 당시 제주도 인구의 10분의 1 이상이 목숨을 잃은 것이지요. 우리가 에메랄드빛 바다가 있는 관광지로만 기억하는 그 섬에서 동백꽃이 피고 지던 봄에 일어난 일입니다.

모든 사고가
재난은 아니지만
어떤 사고는 재난입니다

1989년 4월 15일, 영국 잉글랜드 셰필드의 힐즈버러 스타디움에서 리버풀 FC와 노팅엄 포레스트의 FA S컵 준결승전이 열렸습니다. 결승전 진출 여부가 달린 경기인 만큼 팬의 입장에서는 놓칠 수 없는 이벤트였지요. 리버풀 팬은 경기 관람을 위해 단체로 버스를 대여해 스타디움으로 향했고, 도중에 교통사고로 인한 도로 정체 때문에 경기 시작이 임박해서야 겨우 스타디움에 도착했습니다.

힐즈버러 스타디움 1층은 1,600명가량의 입석이 가능한 규모였지만 경찰의 잘못된 출입문 개방 정책으로 3만 5,000여 명에 달하는 축구 팬이 좁은 공간에 몰렸고, 먼저 입장한 관중을 나중에 입장한 관중이 계속 밀어 대는 일이 벌어졌습니다. 관중의 경기장 진입을 막기 위해 설치한 철망은 사람들이 피하지 못하도록 막는 쇠창살이 되었고, 경기가 시작된 지 5분 만에 무너져 내렸습니다. 2층으로 기어 올라가 간신히 목숨을 건진 사람들은 운이 좋은 편이었습니다. 압사 사태가 일어나자 경기가 중단되었고 긴급히 42대의 구급차가 출동했지만 경기장 안으로 진입하는 데 성공한 구급차는 겨우 3대뿐이었습니다. 제때 적절한 조치를 받지 못한 채 그라운드에 쓰러져 있던 관중 가운데 94명이 사망하고 766명이 부상을 당하는 참사가 벌어졌지요.

2022년 10월 29일의 이태원 참사는 힐즈버러 참사와 여러모로 닮았습니다. 그날 서울의 이태원은 핼러윈 축제에 참가하는 사람으로 일찍부터 붐볐습니다. 청명한 가을밤이었고 코로나 19로 인해 수년간 축제가 개최되지 못했던 터라 정말 많은 사람이 모였습니다. 이태원은 평소에도 주말에 인파가 몰리는 곳인 데다가, 코로나 19로 인한 거리 두기 제한이 풀린 첫해였으니 사람들이 많이 몰릴 걸 누구라도 충분히 예측할 수 있었지요. 이미 하루 전날인 28일 금요일, 이태원역 이용객 수는 5만 9,000여 명으로 지난 5년간 이용객 중 최고치를 기록할 정도였으니까요. 그러나 어떤 예방 조치도 마련되지 않았습니다. 축제 분위기가 무르익어 갈 밤 10시경 해밀톤 호텔 골목 저지대의 5.5평(약 18제곱미터) 정도 되는 비좁은 공간에 행인이 엉켜 오도 가도 못하는 일이 일어났지만, 이를 알지 못한 인파가 계속 밀려들면서 결국 압사 사고가 일어났습니다.

저녁 6시 34분 최초의 112 신고가 접수된 이래 총 11건의 구조 요청이 있었는데도 경찰 기동대 투입은 저녁 9시 30분에야 이뤄졌고, 투입된 인원 역시 20여 명으로 당시의 상황을 통제하기에는 한참 역부족이었습니다. 지역 상인들은 왜인지 매년 배치되던 경찰이 안 보여 몹시 당황했다고 증언했지요. 소방 구조대는 10시 19분에야 도착했지만 힐즈버러 참사에서 그랬듯 현장에 곧바로 접근하지 못했습니다. 한 생존자의 말을 들어 보겠습니다.

> 얕은 숨만 계속 이렇게 몇십 분 동안, 그리고 숨 쉬는 데만 집중했어요. 어떻게든 숨 쉬겠다는 그런 생각만 하면서. 그 와중에도 또 한 몇 분 뒤면 구조대가 오지 않을까, 한 10분이면, 20분이면……. 시간이 한참 지났는데 안 와요. 한참 후에 앞에 있는 사람들이 막 소리를 질러요. 소방관들이 왔대요. 조금만 기다리래요. 근데 그러고도 한참을 기미가 없는 거예요. 진짜 그때 시간이 오래 느껴져서가 아니고 제가 진짜로 충분히 그걸 감안하고도 시간을 계산했을 때 30분은 기다렸어요. 깬 상태로.*

---

* 이태원 참사 인권실태조사단, 『10.29 이태원 참사, 인권으로 다시 쓰고 존엄으로 기억하다』, 10.29 이태원 참사 시민대책위원회, 2023, 27쪽. 생존자 G의 증언.

이태원 참사로 159명이 목숨을 잃었습니다. 그들은 그냥 축제를 즐기기 위해 이태원에 왔고, 그저 길을 걷고 있었는데 참사를 피하지 못했습니다. 경찰과 소방대는 너무 늦게 투입되었고, 즉각적이고 효과적으로 대응하지도 못했습니다. 세월호와 마찬가지로 그날 이태원에 국가는 없었습니다.

소리 소문 없이 일어나는 재난도 있습니다

1978년 역사상 최초로 '환경 재난 지역'으로 선포된 곳이 있습니다. 미국 나이아가라 폭포 주변의 러브 운하 지역이지요. 1890년 무렵 윌리엄 T. 러브라는 사업가가 자기 이름을 따서 폭포 주변에 '러브 운하' 건설을 추진하다가 재정적 문제와 폭포 보호법에 가로막혀 사업을 중단했고, 그 자리에는 길이 1.6킬로미터, 너비 14미터, 깊이 3~12미터에 이르는 거대한 웅덩이만 남고 말았습니다. 나이아가라시는 오랜 시간 방치되던 웅덩이를 1920년에 사들여 쓰레기를 매립하는 데 사용했지요. 그런데 1947년에 인근 지역에서 살충제와 제초제 등을 생산하는 화학 회사 후커 케미컬Hooker Chemical이 러브 운하 웅덩이의 사용권을 얻어 5년간 다이옥신 등이 포함된 2만 2,000톤의 독성 폐기물을 매립합니다. 후커 케미컬은 폐기물을 콘

러브 운하에 버려진 독성 폐기물 드럼통들.

크리트와 점토로 덮어 위장했고, 겉으로 보기에 러브 운하 지역은 아무 문제가 없어 보였지요.

1953년 무렵 나이아가라시가 학교를 지을 부지를 물색한다는 소식에 후커 케미컬은 러브 운하 부지를 단

러브 운하 지역 어린이의 항의 시위.

돈 1달러에 시 교육 위원회에 판매합니다. 그 부지 위에 100여 채의 집이 지어지고 400명의 어린이가 학교에 다니기 시작했지요. 주민들은 지하실에서 종종 이상한 냄새를 맡았고 당국에 신고했지만 별다른 조치는 없었습니다. 그러다 1976

년에 내린 기록적인 폭우로 땅속에 묻혀 있던 화학 폐기물이 인근 지역 전체를 오염시키고 말았습니다. 러브 운하 지역의 주민들은 각종 이상 증상에 시달렸습니다. 두통, 현기증, 구토, 간질병은 그중 일부였고 간장, 신장, 요도 등의 장기 협착과 아동 난청도 빈번했습니다. 아이들의 백혈병과 기타 암 발생률도 높았습니다. 유산율도 평균보다 75퍼센트나 높아서 러브 운하 지역에 사는 15명의 임산부 중 겨우 2명만이 건강한 아이를 출산했습니다.

결국 미국 연방 환경처는 역사상 처음으로 이 지역을 환경 재난 지역으로 선포하고 그곳에 거주하던 주민들을 이주시켰습니다. 1980년 당시 카터 대통령은 이 지역에 국가 비상사태를 선포하지요. 러브 운하 사건은 미국의 유해 산업 폐기물 처리를 위한 여러 법이 제정되는 결정적 계기가 되었지만, 그 모든 것이 때늦은 조치였습니다. 그 후로 세 차례에 걸쳐 총 2억 5,000만 달러를 들여 복구 작업을 진행했지만 그곳은 지금까지도 버려진 죽음의 마을로 남아 있습니다.

우리나라에서도 환경 재난이 일어났지요. 가습기 분무액에 포함된 살균제가 원인이 되어 사람들이 각종 폐 질환으로 사망하고 치명적인 후유증을 남긴 가습기 살균제 참사는 여러 점에서 러브 운하 재난을 연상시킵니다. 과학은 만능이 아닙니다. 때론 과학이 이룬 성과가 원인이 되어 재난을 만들어 내기도 하지요. 당장 집 안을 둘러보아도 세정제, 항균제, 살균제, 탈취제 등 우리가 일상생활에서 위생과 편의를 위해 쓰는 화학 제품이 정말 많습니다. 우리는 이런 제품의 안전성을 믿습니다. 과학은 잘 모르는 비전문가이지만 까다로운 인허가 절차를 거쳐 정식으로 시장에 출시된 제품이니 인체 안전성 테스트를 충분히 거쳤으리라 생각하기 때문이지요. 나이아가라 주민들이 당국을 신뢰하고 러브 운하로 거주지를 옮겼던 것처럼요. 피해자는 '인허가를 내준 정부를 믿었고 그것을 판 대기업을 믿었고, 그래서 한 치의 의심도 없이 제품을 사서 지침서대로 사용했다.'라고 증언했습니다.*

가습기 살균제는 1994년부터 시장에 본격적으로 판매되기 시작했습니다. 겨울이 되어 난방을 하면 공기가 건조해지고, 공기가 건조해지면 호흡기 관련 질병을 일으킬 수 있기에 많은 사람이 가습기를 사용하지요. 가습기가 각 가정으로 빠르게 보급되면서 미디어는 연일 가습기의 올바른 사용이 필요하다는 계도성 방송을 이어 갔습니다. 가습기 청소를 제대로 하지 않으면 오히려 각종 세균을 집 안 곳곳에 퍼뜨릴 수도 있다는 경고였지요. 하지만 가습기 청소를 꼼꼼히 하는 게 생각만큼 쉽지 않아서 가습기 살균제가 제품으로 개발되었고 큰 인기를 끌었습니다.

그 후 이상한 일이 발생했습니다. 2006년경부터 어린아

---

* 가습기 살균제 피해자들, 『내 몸이 증거다』, 스토리플래너, 2021년, 157쪽.

이와 반려동물 사이에서 급성 간질성 폐 질환이 집단 발병했지요. 하지만 원인을 환경이 아니라 바이러스에서 찾느라 포괄적인 역학 조사가 실시되지 않았습니다. 2011년 2월 서울아산병원 중환자실에 임산부 6명이 급성 호흡기 질환으로 연이어 입원하는 이례적인 현상이 나타나자 본격적인 역학 조사가 시작되었습니다. 의무 기록과 환자의 거주 환경, 환자가 사용한 물품을 종합적으로 검토한 끝에 질병관리본부는 가습기 살균제가 폐 질환의 주요한 요인일 수 있다는 결론을 내렸지요. 그해 11월 6종류의 가습기 살균제에 대한 수거 명령이 떨어졌지만, 때는 너무 늦었습니다.

2023년 12월 31일 기준 '가습기 살균제 피해 지원 종합포털'(한국환경산업기술원)에는 총 7,891명의 피해자가 등록되어 있습니다. 그중 사망한 피해자는 1,843명입니다. 하지만 전 국민이 가습기를 일상적으로 사용한 것을 감안하면 본인이 피해자인 줄 모르는 이들도 적지 않을 테고, 사망 원인을 가습기 살균제와 연결시키지 못한 경우도 적지 않을 것입니다. 사회적 참사 조사 위원회에서 실시한 대규모 조사에 의하면, 가습기 살균제 노출로 중증 질병을 앓게 된 사람은 최소 3만여 명, 사망한 사람은 1만 4,000여 명으로 추산됩니다. 과학을 믿었던 사람, 정부를 믿었던 사람, 제조 회사를 믿었던 사람들이 이유를 알 수 없는 질병과 죽음을 맞았습니다. 건강을 위해 안전하게 가습기를 사용하려고 정부로부터 사용 인증을 받은 상품을 자기 돈으로 산 사람들이 어처구니없는 재난의 희생자가 된 것입니다.

되풀이되는 재난을 멈추려면 재난의 메커니즘을 살펴보아야 합니다

대체 재난은 왜 끊이지 않고 되풀이되는 걸까요? 인간은 그 자체로 악을 품고 있는 존재여서 그 폭력성이 학살이라는 재난을 만들어 내는 것일까요? 길을 걷다가 영문도 모른 채 압사당하고, 축구 경기를 보러 갔다가 목숨을 잃고, 건강을 염려해 권장하는 대로 가습기 소독을 하다가 생명을 잃고, 신도시로 이주했다는 이유로 삶을 상실한 사람은 자신의 악운과 가혹한 운명을 탓해야 할까요? 만약 우리가 인간의 역사에 쌓이고 쌓여 있는 이 재난의 파국 앞에서 그 원인을 개인의 운명이나 잔혹함으로 돌려 버린다면, 끊이지 않는 재난에 중지 명령을 내릴 수는 없을 것입니다. 우리는 이 재난의 행진을 그대로 내버려 둘 수 없습니다. 재난은 멈추어야 합니다.

때로 어떤 재난은 인간의 폭력성과 잔인함이 만들어 낸

것처럼 보이고, 어떤 재난은 인간의 무지와 태만이 원인이 되기도 합니다. 어떤 재난은 인간이 통제할 수 없는 자연재해로 일어나고, 어떤 재난은 전혀 예측할 수 없었던 사고처럼 보이지요. 하지만 모든 재난에는 공통점이 있습니다. 피해자가 아무런 잘못도 없이 한순간에 희생자가 되었다는 사실입니다.

잠시 숨을 고르고 이토록 유사한 재난이 되풀이되는 이유를 찾아봅시다. 재난의 반복이라는 파국의 기나긴 터널 끝에서 한 줄기 희망의 빛을 찾으려면, 세상은 절대 바뀌지 않을 것이라는 냉소주의, 재난은 결국 되풀이되고 말 것이라는 비관론, 재난은 일시적이고 예외적인 현상일 뿐 시일이 지나면 극복될 것이라는 순진한 낙관론 모두와 거리를 두어야 합니다.

재난을 바라보는 관점도 확장되어야 합니다. 개인의 불행한 경험으로만 여겨지는 재난을 사회적 시선으로 바라보려는 노력이 필요합니다. 사회 과학은 재난이 개인의 비극적 운명이나 팔자 탓으로 벌어진 일로 단정하지 않고 재난에서 공통적으로 발견되는 메커니즘 규명으로까지 시야를 확대합니다. 물론 재난이 발생하는 메커니즘을 규명하는 것으로 끝이 아닙니다. 메커니즘 규명의 최종 목표는 어디까지나 재난이 되풀이되는 이유를 찾아내 재난에 중단 명령을 내릴 수 있는 방법을 찾는 것입니다. 희망을 포기하지 말고 재난 발생의 메커니즘 규명을 위해 한 걸음 더 나아가 봅시다.

3장 피해자의 눈으로 재난을 바라봅니다

'역사의 천사'가 내려다보는 우리 세계는 어떤 모습일까요

현대인은 이전 시대와 비교할 수 없을 정도로 삶을 편리하게 해 주는 문명의 혜택을 누리고 있습니다. 기술 발전에만 주목하면 인류는 지속적으로 진화하고 있다고 결론 내릴 수도 있지요. 하지만 지난 세기의 재난만 살펴보아도, 우리가 과거에 비해 좋은 세상에 살고 있다고 자신 있게 결론 내리지 못하게 합니다.

독일의 철학자이자 문예 평론가로 나치의 희생자 중 한 명인 발터 베냐민은, 인간의 역사는 진보에 진보가 더해지는 개선이 아니라 비극에 비극이 더해지는 파국의 역사라고 표현하기도 했습니다. 베냐민이 상상한 '역사의 천사'는 기술 문명의 찬란한 성과가 아니라 끝없이 이어지는 재난의 행렬을 놀란 눈으로 내려다보고 있지요.

> 우리들 앞에서 일련의 사건들이 그 모습을 드러내고 있는 바로 그곳에서 그는, 잔해 위에 또 잔해를 쉬임 없이 쌓이게 하고 또 이 잔해를 우리들 발 앞에 내팽개치는 단 하나의 파국을 바라보고 있다. 천사는 머물러 있고 싶어 하고, 죽은 자들을 불러 일깨우고, 또 산산이 부서진 것을 모아서는 이를 다시 결합시키고 싶어 한다.*

역사란 누구의 관점에서 조망하는가에 따라 동일한 사건도 다르게 보입니다. 승리자의 관점에서 전쟁을 보는 사람에겐 전쟁 영웅의 승전담만 보입니다. 승리자의 관점으로 세상을 보지 않는 '역사의 천사'는, 영웅담만으로는 덮이지 않는 파국의 목격자가 됩니다. 우리도 '역사의 천사'가 되어 세상을 내려다보겠습니다.

아르메니아에서 제노사이드는 파국의 끝이 아니라 시작이었습니다. 1941년부터 1945년까지 나치 정권과 그 협력자들은 당시 유럽에 거주하던 유대인 900만 명 중 3분의 2에 해당되는 600만 명의 유대인을 집단 살해하는 야만을 감행했습니다. 나치의 희생자 중에는 유대인뿐만 아니라 공산주의자, 장애인, 성소수자, 반나치주의자도 포함되어 있는데, 유례를 찾아볼 수 없는 이 사건의 예외적 폭력성을 강조하기 위

---

* 발터 벤야민, 반성완 옮김, 「역사 철학 테제」, 『발터 벤야민의 문예이론』, 민음사, 1983년, 348쪽.

해 홀로코스트Holocaust 혹은 히브리어로 절멸, 학살을 뜻하는 쇼아Shoah라는 단어를 사용하기도 합니다. 희생자가 워낙 많은 까닭에 홀로코스트는 집단 살해의 대명사처럼 쓰이지만, 안타깝게도 홀로코스트는 유일한 집단 살해가 아니었습니다.

1937년 중일 전쟁 당시, 중국의 수도였던 난징을 점령한 후 일본이 벌인 난징 학살은 눈을 의심케 하는 전대미문의 잔혹한 사건이었습니다. 그해 12월에서 다음 해 1월에 걸쳐 사령관 마쓰이 이와네松井石根 휘하의 일본군은 중국인 포로와 일반 시민을 무차별 학살했습니다. 일본군은 이미 난징으로 진격하는 과정에서 30만 명을 살해했고, 난징을 점령한 뒤에는 약 4만 2,000명을 살해했는데, 무차별 사격은 물론 사람들을 생매장하거나 휘발유를 뿌려서 불태워 죽이는 등 온갖 잔혹한 방법이 자행되었지요.

2차 세계 대전 이후 홀로코스트의 비극을 되풀이하지 말자는 국제적 자성과 반성의 노력으로 학살자를 심판하는 뉘른베르크 국제 군사 재판이 열렸고, 이 재판에서 제기된 집단 살해와 '인도에 반하는 죄'를 엄격하게 처벌해야 한다는 정신을 담아 UN은 1948년 '집단 살해 범죄의 방지 및 처벌에 관한 조약CPPCG'과 '세계인권선언UDHR'을 채택합니다. 하지만 2차 세계 대전 이후에도 인류는 집단 살해라는 재난을 끝내지 못했습니다.

캄보디아에서는 급진적 좌익 무장 단체인 크메르 루주가

자행한 민간인 학살(1975~1979년)로 150만 명에서 300만 명의 사람이 목숨을 잃었고, 르완다 내전 중 벌어진 후투족에 의한 투치족 집단 학살(1994년) 피해자는 80만 명에서 100만 명에 이를 것으로 추정됩니다. 유고슬라비아 전쟁 중에 세르비아 군인이 작은 마을 스레브레니차에서 8,000여 명의 보스니아인을 학살하는 사건(1995년)까지 벌어졌으니, 지난 20세기는 집단 살해로 시작해 집단 살해로 끝이 났다고 해도 지나치지 않습니다. 지구 위에서 반복된 이 재난으로 피해자는 쌓이고 또 쌓였습니다. 어떤 학살이 더 끔찍하고 잔인했는지를 비교하는 것은 아무 의미 없습니다. 희생자가 많다고 해서 더 끔찍하지도, 희생자가 상대적으로 적다고 해서 덜 잔인하다고 평가할 수 없습니다. 왜냐하면 집단 학살은 희생자에게 돌이킬 수 없는 결과를 가져다주기 때문입니다. 희생자 한 명 한 명의 이름을 다 부르려면 얼마나 많은 시간이 필요할까요? 희생자 각각의 삶의 사연을 들으려면 도대체 얼마나 많은 날이 필요할까요?

재난은 납득할 수 없는 고통에 시달리는 무고한 피해자를 재생산하는 과정입니다

루마니아 트란실바니아 지역 시게트(현재의 시게툴마르마티에이) 출신의 유대인으로 1986년 노벨 평화상을 수상한 엘리 위젤은 강제 수용소 생존자입니다. 홀로코스트로부터 생존한 후 그는 모든 것을 잊고 평범한 삶을 살았을까요? 그는 살아남았지만 눈앞에서 가족을 포함한 다른 이들의 절멸을 목격했습니다. 가스실로 끌려가는 사람을 지켜봤고, 함께 수용되었던 아버지의 죽음도 겪었습니다. 엘리 위젤은 '그날의 밤'을 생존 이후에도 평생 잊지 못했습니다. 위젤은 『나이트』라는 책에 이렇게 썼습니다.

> 내 삶이 일곱 겹으로 봉해진 하나의 긴 밤이 되어버린 그날 밤, 수용소에서 맞은 첫날밤을 결코 잊지 않으리라.

그 연기를 결코 잊지 않으리라.

몸뚱이가 고요한 하늘 아래 연기로 바뀌어버린 어린이들의 얼굴을 결코 잊지 않으리라.

내 믿음을 영원히 불살라버린 그 불꽃을 결코 잊지 않으리라.

살고자 하는 마음을 영원히 앗아간 밤의 침묵을 결코 잊지 않으리라.

하나님과 내 영혼을 죽이고 내 꿈을 잿더미로 만들어버린 그 순간들을 결코 잊지 않으리라.

하나님만큼 오래 산다 하더라도 이것들을 결코 잊지 않으리라.

결코 잊지 않으리라.*

유대인이라는 이유로 아우슈비츠에서, 보스니아 사람이라는 이유로 스레브레니차에서, 중국인이라는 이유로 난징에서, 조선인이라는 이유로 대지진 이후 일본 간토에서, 투치족이라는 이유로 르완다에서 세상을 떠난 희생자는 어떤 잘못을 저질렀을까요?

자신의 실수와 태만으로 비극적인 일을 초래한 경우와 달리 재난의 피해자는 그 고통에 합당한 잘못을 저지른 사람이 아닙니다. 자신의 잘못으로 재난이 일어났다면, 그에게 고통의 시간은 자책과 반성의 시간일 수 있습니다. 이런 경우 그

---

* 엘리 위젤, 김하락 옮김, 『나이트』, 위즈덤하우스, 2023년, 82쪽.

아우슈비츠 수용소의 어린이 수감자.

▲ 난징 대학살 기념관 내 희생자들의 이름을 새긴 통곡의 벽.
▼ 캄보디아 학살 추모관인 투올 슬렝 대학살 박물관의 희생자 사진.

는 고통의 시간을 감내해야 합니다. 고통은 자신의 죄에 상응해서 생겨난 것이니까요. 하지만 잘못이 재난의 희생자가 아니라 가해자에게 있는 경우라면요?

1980년 봄, 군사 쿠데타를 일으킨 전두환 당시 보안 사령관과 그에 동조한 이른바 신군부 세력의 퇴진을 요구하는 시위가 연일 온 나라에서 이어지고 있었습니다. 비상 계엄령이 내려진 다음 날인 5월 18일, 광주에서 군대가 시위대를 향해 총구를 겨누었고 시민들은 스스로를 무장해 이에 저항했지요. 총격전과 도시 봉쇄를 거쳐 5월 27일 2만 5,000명에 이르는 군인이 투입되어 시위대를 폭력 진압했습니다. 이 과정에서 민간인을 상대로 한 무차별 발포로 5·18 민주 유공자 유족회와 부상자회, 5·18기념재단 등 4개 단체가 공식 발표한 통계 자료에 따르면, 606명이 사망한 것으로 추정됩니다. 참혹한 사태를 겪었던 사람들은 당시의 기억으로 인해 지금도 반복되는 불면과 악몽에 시달리며 고통받고 있습니다.

반면 가해자 전두환은 승승장구하여 대한민국의 대통령을 지냈지요. 대통령직 퇴임 8년 뒤인 1995년에 내란죄 및 반란죄 수괴 혐의로 무기 징역을 선고받고 수감되었지만 얼마 지나지 않은 1997년 12월에 사면·복권되었고 추징금도 내지 않은 채 버티다가 91세의 나이로 천수를 누리고 세상을 떴습니다.

5·18 피해자 중 2020년 2월까지 알려진 자살자의 수는

46명에 달합니다. 왜 무고한 피해자는 이렇게 오랜 기간 동안 고통에서 벗어나지 못하는 것일까요? 가해자는 멀쩡한데 말입니다.

히브리 문학을 대표하는 고전인 『욥의 노래』의 주인공 욥을 생각해 봅니다. 욥은 "진실무위하고 신을 경외하며 악을 떠난 자"였는데, 재앙이라는 괴물이 한 손에는 인간을 대동하고 또 한 손에는 불과 바람을 거느리고 나타납니다. 아들딸이 난데없는 죽음을 맞는 것도 모자라 욥의 몸엔 악성 발진이 퍼집니다. 왜 욥에게 이런 재앙이 일어났을까요?

욥의 소식을 듣고 친구들이 찾아옵니다. 친구들은 욥의 재앙을 안타까워하지만 속으로는 욥에게 잘못이 있다고 생각하지요. 친구 엘리바스는 "제발 생각해 보게, 죄 없이 망한 자 누구던가? 정직한 자 망하는 법 어디 있던가? 내 보아하니, 부정을 밭 갈아 해악을 뿌리는 자는 그대로 거두지."라고 말하며 욥이 죄를 지었으니 재앙이 생겼을 거라 하지요. 또 다른 친구 빌닷은 "자네가 순결하고 정직하면, 이제 그분께서 자네를 일으키시고 의로운 거처를 회복시켜 주실 것이네."라며 욥에게 닥친 재앙은 욥의 탓이라고 말합니다. 또 다른 친구 소발은 신은 "거짓된 사람들을 전부 다 아시는데 거짓을 보시고도 식별하지 못하실까?"라며 죄가 없다면 신이 재앙을 거둘 것이라고 말합니다. 욥의 친구들은 재난은 그에 상응하는 죄가 있는 사람에게 일어난다는 사고방식을 대변합니다.

욥은 이 상응 논리를 거부합니다. 실제로 아무런 잘못을 저지르지 않은 욥은 재난의 희생자인 동시에 무고한 희생자의 대명사입니다. 자신에게 닥친 재앙은 자신의 죄 때문이 아니기에 욥은 자신을 덮친 재난을 운명론으로 받아들이지 않고 "왜?"라는 질문을 던집니다. 그는 자신의 고통을 운명이나 형벌의 틀로 해석하지도 수용하지도 않으며 계속해서 질문을 던지는 사람입니다. 우리는 욥이 되어야 합니다. 그래서 재난의 탓을 무고한 희생자에게 돌리지 않고 끊임없이 질문하며, 무고한 희생자를 끝없이 만들어 내는 어두운 세계의 메커니즘을 찾아내야 합니다.

눈을 제대로 뜨면 재난의 구조가 비로소 보입니다

왜 재난이라는 비극은 인간 세계에서 끊이지 않고 벌어질까요? 인간이 원래 다툼과 갈등을 좋아해서일까요? 폭력성이 피할 수 없는 인간 본성이기 때문일까요? 인간은 본래 잔인한 존재이기 때문일까요? 반복되는 재난에 지레 인간은 어쩔 수 없는 한심한 존재라는 자포자기는 잠시 접어 둡시다. 대신 눈을 똑바로 뜨고 이 반복되는 재난 속에 혹시 어떤 패턴이 숨어 있는지부터 살펴봅시다.

재난의 구체적 사태는 다양하지만, 우리가 재난이라고 부르는 참사의 발생 전후 사정을 면밀히 살펴보면 재난의 사태가 시간의 흐름에 따라 일정한 패턴으로 진행됨을 발견하게 됩니다. 반복되는 이 패턴을 우리는 '구조'라 부를 것입니다. 하나의 예외적인 사건처럼 보이는 재난은 어느 날 수면 위로 솟구쳐 오르면서 우리를 충격에 빠뜨립니다. 그러나 이것은 수면 위로 드러나지 않았을 뿐 꽤나 오랜 기간에 걸쳐 재난의 매트릭스 안에서 형성된 다음 비로소 등장한 파국입니다. 그래서 우리는 재난 하나하나의 충격적인 장면과 비극적인 순간에 집중하지 않고, 재난의 국면이 전개되는 구조를 분석해 볼 것입니다.

홀로코스트를 사례로 삼아 보지요. 홀로코스트는 1941년부터 1945년 사이에 벌어진 사태입니다. 이 파국은 어떤 사전 징후도 없이 1941년에 돌발적으로 발생했을까요? 독일이 1차 세계 대전에서 패전국이 되고 전후 배상 문제로 사회 불만이 증폭되었지만, 또 이를 정치적으로 잘 활용한 나치가 집권하는 데 성공해 1933년 히틀러가 독일 총리에 취임했습니다. 그러나 이때까지만 해도 홀로코스트를 예견한 사람은 없었습니다.

나치는 집권하자마자 유대인을 학살하지는 않았지요. 유대인을 쫓아내는 구축 작업은 야금야금 진행되었습니다. 물론 재난의 사태를 미리 경고하는 전조도 분명 있었습니다. 하지만 그 알람 소리를 듣지 못하고 혹은 그 전조를 경고로 해석하지 못하고 방심하면 재난의 사태가 돌연 등장하는 것처럼 보입니다. 우리는 참사의 형태로 나타난 재난에 뒤늦게 경악하지만 사건 발생 전에 이미 충분한 징조가 나타납니다.

재난은 예외적이고 돌발적인 사태처럼 보이지요. 재난은

위장되어 있습니다. 때로는 폭력성과 같은 인간의 악한 본성으로, 때로는 어찌할 수 없는 자연재해로, 때로는 악의나 고의가 전혀 없는 우연한 사고로 포장되어 있습니다. 그렇기에 우리는 재난의 파국 앞에서 방향 설정이 잘못된 문제를 제기합니다. 무엇보다 재난은 비극적 사건을 통해 세상에 알려집니다. 세상은 사건의 비극성에 주목하고, 비극적 사건을 직접 일으킨 행위자의 악마성을 집중적으로 조명하지요. 마치 그 재난이 한 개인의 실수나 잔인함 혹은 악마성이 원인인 것처럼요.

참사의 충격과 무고한 피해자의 고통을 강조하려던 나머지 재난을 파행적인 돌발 사태로 규정하면, 유례없는 만행을 저지른 예외적인 한 인물의 광기가 모든 사태의 출발점처럼 보입니다. 잔인함과 야만성이라는 측면에서 홀로코스트는 예외적인 현상이라 할 수 있지요. 하지만 이를 일반론에서 벗어난 예외적이고 돌발적인 현상으로만 취급하는 순간 우리는 홀로코스트가 아우슈비츠 이외의 지역에서 나타날 가능성을 놓치고 맙니다.

홀로코스트는 광기에 휩싸인 한 명의 연쇄 살인마가 벌인 살육이 아닙니다. 제아무리 광기에 사로잡힌 악인이라 하더라도, 그가 그토록 악독하고 죄의식 없는 사이코패스라 하더라도, 단 한 명이 수백만 명을 집단 살육하는 만행을 저지를 수는 없습니다. 홀로코스트는 시스템이 작동한 결과입니다.

캄보디아에서 독재자 폴 포트가 혼자 집단 학살을 자행하지 않았고, 유고슬로비아에서 인종주의자 대통령 슬로보단 밀로셰비치가 단독으로 집단 학살을 벌인 게 아니지요. 시스템은 홀로코스트가 벌어지기 전에 이미 만들어졌습니다. 따라서 시스템을 만든 사유 방식부터 파헤치는 게 순서입니다. 우리는 홀로코스트를 낳은 당시 사람들의 사유의 흐름을 살펴보아야 합니다. 홀로코스트를 낳은 사회적 배경이 재생산된다면 히틀러가 없어도 언제든지 제2, 제3의 홀로코스트가 가능하기 때문입니다.

유대인에 대한 편견과 적대적 태도를 보이는 반유대주의는 본래 독일만의 현상은 아니었습니다. 그리고 모든 반유대주의적 태도가 곧 유대인의 절멸로까지 확대된 것은 아닙니다. 2차 세계 대전 동안 나치가 점령한 유럽 지역은 상당히 넓었지만 유대인 절멸은 지역에 따라 저마다 다른 방식으로 나타났습니다. 리투아니아에서는 1941년 6월 25일 밤 카우나스에서 유대인 약 1,500명을 살해한 것을 시작으로 리투아니아 내 유대인의 90퍼센트 이상이 목숨을 잃었습니다. 루마니아에서도 독일의 개입 없이 유대인 약 25만 명이 학살되었습니다. 이처럼 소련이 점령하며 국가 체제가 파괴되었다가 독일에 재점령된 동유럽 지역에서는 유대인 학살이 광범위하게 일어났지요. 반면 같은 동유럽 국가라도 불가리아의 경우는 달랐습니다.

불가리아는 독일과 동맹국이었으나 반유대주의 전통이 희박했기에 독일이 요구한 유대인 강제 이송을 거부했고, 덕분에 불가리아의 유대인은 2차 세계 대전 동안 살아남았습니다. 덴마크에서는 대중적인 반나치 운동이 벌어져 대부분의 유대인이 살아남을 수 있었습니다. 1943년 10월 덴마크인들은 어선의 도움을 받아 7,000여 명의 유대인을 중립국 스웨덴으로 보내 학살을 피하게 했지요. 네덜란드는 1941년 나치가 유대인을 대대적으로 검거하자 암스테르담 노동자 총파업으로 항의하는 방법을 택했습니다.

이러한 차이는 어디서 비롯된 것일까요? 히틀러가 등장하기 전부터 이미 반유대주의의 전통이 깊었던 곳일수록, 경제가 피폐하고 국가 체제가 붕괴되어 시민 사회 발달이 늦었던 곳일수록 유대인의 희생이 컸다는 점을 기억해야 합니다. 홀로코스트와 같은 재난은 인간의 야만성에 대한 증거가 아니라 시스템의 야만성에 대한 증거인 것이지요.

집단 학살에서 발견되는 공통점이 있는데 그것은 집단 학살을 가능하게 했던 독특한 사고방식이 사회 저변에 확산되는 잠정적 시기를 거친다는 점입니다. 그 사고방식의 한가운데 특정 집단에 대한 편견이 있습니다. 미국의 사회 심리학자 고든 올포트는 『편견』에서 이러한 편견의 발달 단계를 분석했지요. 고든은 편견이 낳을 수 있는 가장 극단적이고 야만적 형태를 특정 집단의 절멸extermination을 지향하는 제노사이드로 설정했지만, 처음부터 대놓고 집단 살해가 일어나는 일은 매우 드물다고 했습니다. 집단 살해라는 비극이 발생하기 이전의 과정을 추적해 보면 처음에는 그저 편견의 대상이 되는 집단에 대한 적대적인 말antilocution로 시작되지만, 적대적인 말은 숙성 기간을 지나면서 혐오 집단의 구성원과의 사회적 접촉을 꺼리는 기피avoidance로 변합니다. 기피는 시간이 지날수록 혐오 집단의 구성원이라는 이유 하나만으로 그 사람들에게 특정한 사회적 기회를 박탈하는 차별discrimination을 거쳐 마침내 물리적 공격으로 발전합니다. 이때 물리적 공격은 처음엔 일부 집단의 일탈적인 형태로 나타나지만, 그에 대한 사회의 강력한 규제가 없으면 알음알음으로 물리적 공격에 참여하는 사람들이 확산되어 최종적으로 절멸을 꾀하는 집단 살해로까지 이어집니다.

홀로코스트 역시 부정적인 태도에서 시작한 편견이 증폭되어 집단 살해로 치닫는 과정을 거쳤습니다. 나치는 집권 이후 유대인을 기피하고 차별하는 정책을 하나둘 시행했지요. 비아리안 공무원, 즉 유대인 공무원들을 공직에서 추방하는 '직업 공무원 재건법'을 공포하고 "독일인 또는 순수 혈통"에게만 독일 시민이 될 수 있는 자격을 부여하는 '제국 시민권법'을 만들었으며, 유대인과 독일인 및 관련 혈통 사이의 혼인을 금지하는 '독일 혈통과 명예에 대한 보호법'까지 만들었습니다.

사회학자 지그문트 바우만은 나치가 처음부터 폭력적이고 공격적인 개념으로 유대인에 대한 적개심을 고취시키지 않았음에 주목합니다. 나치는 중립적이고 이성적이고 과학적으로 보이는 위생학의 은유를 사용했지요. 바우만은 '히틀러의 언어와 수사는 질병, 감염, 창궐, 부패, 흑사병의 이미지로 가득했다. 그는 기독교와 볼셰비즘을 매독이나 역병에 비유하고 유대인들을 박테리아, 부패시키는 세균 또는 해충 등으로 불렀다.'* 라고 말합니다. 히틀러는 '페스트를 박멸함으로써 우리는 인류에게 봉사할 것이다.'라고 선언했지요.

잠정 국면에서 집단 간의 적대심이 점점 고취되고 이유 없는 편견과 적대적 태도가 굳어지게 되면, 마침내 물리적 공격이 등장해도 사람들은 그 위험성을 감지하지 못합니다. 확산된 편견은 시대의 악령이 되지요. 악령에 휩싸인 사람은 이런 사태를 정상적으로 느끼지 못합니다. 폭력 사태를 오로지 내 편과 내 편이 아닌 것의 관계로만 조망하게 됩니다. 르완다 집단 학살에서 그랬듯 오직 후투족에 속하느냐 투치족에 속하느냐만 중요하고, 보스니아 내전 당시 스레브레니차 학살에서 그랬듯 단지 보스니아 사람이냐 세르비아 사람이냐만 중요해지지요. 편견은 이처럼 사람을 정상적으로 사고하지 못하도록 만드는 악령입니다. 악령은 편견이 열어 준 문틈으

---

* 지그문트 바우만, 정일준 옮김, 『현대성과 홀로코스트』, 새물결, 2013년, 133쪽.

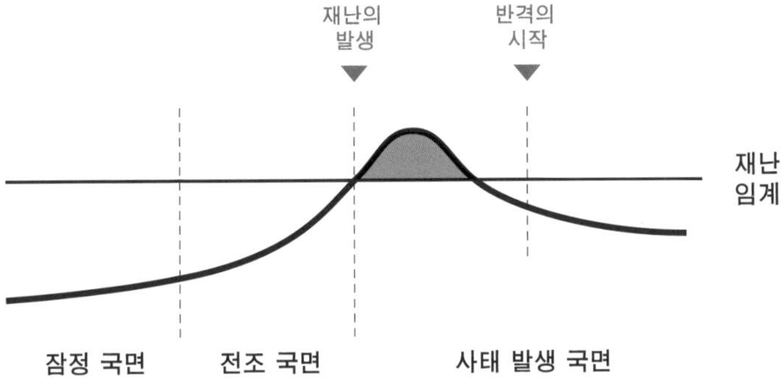

재난의 전개

로 들어와 사람들의 머릿속에 잠입합니다.

엘리 위젤 역시 전조 국면에서 벌어지는 사태의 위험을 알지 못했습니다. 위젤이 살던 시게트에 모이셰라는 유대인이 있었는데, 그는 나치에게 끌려가 살해될 뻔하다가 가까스로 도망쳐 시게트 사람들에게 그 위험을 알렸습니다. 그러나 사람들은 생존자의 경고를 믿지 않았습니다. '사람들은 모이셰의 말을 믿기는커녕 들으려고 하지도 않았다. 모이셰가 동정을 사려고 한다거나 헛것을 보았다고 에둘러 말하는 사람이 있는가 하면 미쳐 버렸다고 잘라 말하는 사람도 있었다.'* 라고 엘리 위젤은 회고하지요. 모이셰는 울면서 애걸했습니다. 자기 말을 들어 달라고. 돈도 필요 없고, 동정도 필요 없으니 제발 자신의 이야기를 들어 달라고 했지만, 심지어 엘리

* 엘리 위젤, 김하락 옮김, 『나이트』, 위즈덤하우스, 2023년, 34~35쪽

위젤조차 모이셰의 말을 믿지 않았습니다. 그 결과 위젤도 모이셰와 같은 희생자의 처지가 되었습니다.

세월호 침몰 이전에 꽤나 긴 전조의 시간이 있었습니다

히틀러는 1933년 1월 30일에 집권했고, 아우슈비츠 절멸 수용소는 1940년 5월에 세워졌으니 히틀러의 총리 취임과 아우슈비츠 사이에는 7년의 잠정 국면이 있는 셈입니다. 7년 동안 나치는 편견을 선동했고, 사람들은 무관심했으며 이를 자신의 일로 받아들이지 않았습니다. 내 일이 아니라는 생각, 내게는 불행이 닥치지 않으리라는 막연한 기대, 설마 그런 일이 벌어질까 하는 순진함이 더해지면서 홀로코스트의 경보음은 무시되었지요. 나치의 선전부장 요제프 괴벨스의 비서였던 브룬힐데 폼젤도 『어느 독일인의 삶』에서 '나치 지도부만 빼면 이 모든 것을 가능하게 한 것은 사람들의 무관심이었어요. 어떤 특정한 사람들이나 계층만의 무관심을 말하는 게 아니에요. 오늘날에도 늘 반복해서 볼 수 있는 사람들의 일반적인 무관심을 말하는 거예요.'* 라고 말했습니다. 홀로코스트는 전조 국면에서 사람들의 무관심 덕택에 가능했던 것입니다.

파국의 순간은 짧습니다. 그러나 파국을 예고하는 전조의 시간은 결코 짧지 않습니다. 세월호는 좌초된 지 반나절도 지나지 않아 침몰했습니다. 파국의 시간은 이토록 짧았지만, 세월호 이전에 꽤나 긴 전조의 시간이 있었습니다.

세월호는 운항 도중 사고로 침몰한 유일한 배가 아닙니다. 1953년, 전남 여수항에서 부산항으로 가던 여객선 창경호가 침몰해 300여 명이 참변을 당하는 사고가 있었습니다. 1970년에는 제주 서귀포를 출발해 부산항으로 가던 남영호가 침몰해 326명이 죽고 불과 12명이 살아남았습니다. 1993년에는 전북 위도에서 출발해 부안군 격포항으로 가던 서해훼리호가 침몰해 292명이 목숨을 잃는 재난이 일어납니다. 수면 위로 나타난 사고 국면만 보면 창경호, 남영호, 서해훼리호와 세월호는 각각의 사고처럼 보이지만, 재난 이전의 잠정 국면과 전조 국면을 잘 들여다보면 사태를 관통하는 공통점이 발견됩니다.

창경호의 화물 적재 중량은 100톤이었지만, 사고 당일 창경호는 적재 중량의 두 배인 200톤의 화물을 실었습니다. 남영호는 적재 중량인 130톤의 네 배가 넘는 540톤의 화물을

---

* 브룬힐데 폼젤, 박종대 옮김, 『어느 독일인의 삶』, 열린책들, 2018년, 216쪽.

싣고 출항했죠. 서해훼리호의 정원은 221명인데 사고 당일 배는 승객을 362명이나 태웠습니다. 사고가 났을 때 창경호에는 구명보트도 구명복도 없었습니다. 남영호가 침몰했을 때 해경은 늦장 출동했습니다. 해경만 제때 출동했더라도 대규모 인명 사고를 막을 수 있었습니다. 서해훼리호 사고가 나기 5개월 전에 정부는 예산 부족을 이유로 국가 보조금을 줄였습니다. 여객선을 증편해 달라는 주민 요청이 있었지만 무시되었고, 운항 횟수는 줄었지만 여객선을 이용하려는 사람은 많아서 정원을 훌쩍 넘긴 인원이 배에 탔습니다. 세월호는 창경호, 남영호, 서해훼리호 사고를 불러온 그 모든 요소를 빠짐없이 갖추고 그날 인천항을 떠났습니다.

세월호는 침몰 전,
증상으로 경고했습니다

세월호는 새로 건조한 배가 아니라 비용 절감을 목적으로 일본에서 사들인 중고 선박이었습니다. 세월호 운영사인 청해진해운은 2009년 12월, 기존에 운행하던 오하마나호 말고도 추가로 배를 도입해 인천-제주 노선을 운행하겠다고 사업 계획 변경을 신청했지요. 1994년에 건조된 나미노우에호를 일본에서 중고로 사 오기로 했는데, 이 배는 이미 일본에서 한 차례 개조 및 증축이 이뤄진 노후 선박이었습니다. 청해진해운이 이렇게 낡은 선박을 가져올 수 있었던 가장 결정적인 계기는 '해운법 시행규칙'의 개정입니다. 2008년에 정부는 20년이었던 선박 수명을 25년으로 연장하고, 다음 해인 2009년에는 25년에서 30년으로 다시 연장했지요. 연이은 규제 완화는 운항사에 경비 절감이라는 혜택을 안겨 주었습니다. 세월호는 2014년 침몰 당시를 기준으로 하면 최초 건조 이후 20년이 지난 선박이었기에, 기존의 '해운법 시행규칙'을 기준으로 잡으면 더 이상 운항할 수 없는 배였습니다. 해운사의 이윤보다 승객의 안전을 우선했다면 절대 시행해서는 안 되는 규제 완화였지요. 규제 완화만 없었더라도 세월호 참사는 충분히 막을 수 있었고, 어쩌면 일어나지 않았을지도 모릅니다.

세월호는 운항 허가를 받는 과정에서도 여러 차례 규정을 위반했습니다. 청해진해운은 불완전한 계약서를 관계 기관에 제출하며 사업 계획 변경을 신청했는데, 그 계약서에는 세월호의 재화 중량이 3,063톤이라고 적혀 있었습니다. 재화 중량이란 배에 실을 수 있는 모든 화물의 최대 중량인데, 사업 계획 변경 신청 서류에는 3,794톤이라고 적혀 있었지요. 즉 본래 실을 수 있는 중량과 700톤이나 차이가 났지만 심사 과정에서 어떤 기관도 이 부분을 지적하지 않았습니다. 게다가 사고가 일어나기 1년 반 전인 2012년 10월부터 2013년 2월 사이에 청해진해운은 더 많은 수익을 내려는 욕심으로 이미 노후된 선박에 더 많은 사람을 태우기 위해 세월호를 개조합니다. 여객실과 화물 적재 공간을 늘리기 위해 배의 오른쪽 램프 40여 톤을 철거했지만, 우현에 덜어낸 중량만큼 추가하지도 않았고 좌현에 상응하는 중량을 감축하지도 않아서 배의 좌우 균형에 심각한 문제가 생깁니다. 게다가 여객실 개조로 선박 중량이 187톤 늘고 무게 중심이 51센티미터 높아지자 배의 복원성이 나빠졌습니다. 복원성은 기울어진 배가 평형을 유지하려는 성질인데 세월호는 개조 때문에 복원성이 나빠진 것이죠. 그래서 세월호는 선박의 좌우 균형을 잡아 주는 평형수를 1,694톤이나 실어야 하는 비정상적인 배가 되었습니다. 세월호는 괴물로 개조된 것입니다.

구조 안정성을 무시한 탓에 기괴하게 개조된 세월호는 운항을 시작하자 사고 발생의 각종 징후를 드러내며 경고 신호를 보냈습니다. 2013년 11월, 배가 제주도 인접 해상에서 파도를 맞아 좌현으로 15도 정도 기울어 화물칸인 1층 D데크에 선적한 벽돌과 주류가 한쪽으로 쏠리며 화물이 파손되는 일이 발생했습니다. 2014년 1월에는 제주에서 출항하려다가 예인선의 도움을 받았음에도 바람 때문에 부두를 떠나지 못해 출항이 지연되기도 했죠. 그 사고 후 '구조 변경으로 선박 무게 중심이 이동해 화물을 싣고 내릴 때 기울어 안전사고의 위험이 있고, 풍압 면적이 넓어져 부두에서 이안(배를 육지에서 떨어뜨리는 것)이 어렵다.'라는 내용의 사고 보고서가 작성되었습니다. 하지만 보고서의 지적 사항은 제대로 받아들여지지 않았습니다. 2014년 4월 16일 이전부터 세월호는 각종 크고 작은 사고로 참사의 전조를 알렸지만 안타깝게도 모든 경고는 무시되었습니다.

세월호는 화물을 최대 1,077톤까지 실을 수 있는 선박입니다. 그러나 2014년 4월 15일 밤에 인천을 출발할 때에는

2,142톤의 화물이 실려 있었습니다. 평형수는 요구치인 1,694톤의 절반에도 미치지 못하는 762톤만 채웠습니다. 화물은 기준보다 1,000톤이나 더 실었는데, 평형수는 기준의 절반에 불과했지요. 그 때문에 높은 파도나 악천후 같은 자연적 요인이 없었음에도 팽목항 앞바다에서 항로를 변경하는 변침을 시도하다가 무게 중심을 잃었던 것입니다. 왜 세월호에는 기준보다 많은 화물이 실렸을까요? 화물 영업을 맡은 물류 팀이 실권을 쥐고 있었기 때문입니다. 물류 팀은 업무 특성상 영업 이익을 우선시했고, 그런 물류 팀의 발언권이 커진 만큼 선박의 실제 운항을 맡은 선원의 힘은 약해진 것으로 보입니다.

침몰 전날인 4월 15일, 안개 때문에 출항이 늦춰지고 있던 세월호는 밤 8시 30분경 안개가 걷히기 시작하자 서둘러 차량을 실었습니다. 9시 출항을 앞두고 10분 전까지 차량을 싣다 보니 시간이 없어 작업자들은 자동차를 배에 제대로 묶는 고박 작업을 규정대로 하지 않았습니다. 라싱(고박) 밴드로 묶는 대신 바퀴 뒤에 웨지(고임목)를 대거나 그마저도 하지 않았지요.

침몰 당일인 4월 16일, 배가 기울기 시작했습니다. 선장 이준석은 '선내 대기'를

지시했고, 일부 승객이 자발적으로 퇴선하기 시작하자 여객부 선원은 "더 이상 밖으로 나가지 마시기 바랍니다."라고 안내 방송을 했습니다. 선장과 선원들은 '선내 대기'를 지시한 뒤 마땅히 했어야 할 퇴선 명령도 내리지 않고, 선원으로서 최소한의 임무도 버리고 오전 9시 45분 도주했습니다. 그 시간, 세월호엔 "현재 위치에서 안전하게 기다리시고, 더 이상 밖으로 나오지 마시기 바랍니다."라는 안내 방송이 계속 울려 퍼졌고, 그 안내 방송을 믿고 선내에서 대기하던 단원고 학생을 비롯한 일반 승객은 참사를 피할 수 없었습니다. 그날의 세월호에는 참사를 피할 수 있는 가능성이 곳곳에 있었지만, 선장과 선원의 승객 구조에 대한 책임 방기, 사고 신고를 접수받은 해양 경찰의 미숙한 구조 작업 그리고 석연치 않은 정부의 대응이 더해지며 대형 참사를 피할 수 없게 되었습니다.

삼풍백화점은 붕괴 전 분명한 목소리로 위험을 알렸습니다

건물이 무너지는 데 불과 20초밖에 안 걸렸습니다. 1995년 6월 29일, 서울 한복판에서 무너진 삼풍백화점이 그랬습니다. 5층에서 지하 4층까지 백화점 건물이 무너지면서 502명이 사망했고 부상자는 937명, 실종자는 6명이 발생한 대형 참사였습니다.

삼풍백화점 붕괴는 지진과 같은 자연재해처럼 인간이 예측하거나 통제하기 힘든 재해였을까요? 그렇지 않습니다. 우리가 지금까지 살펴본 모든 재난이 그랬듯 붕괴의 전후 맥락을 살펴보면, 세월호 참사처럼 삼풍백화점 붕괴 역시 막을 수 있는 재난이었습니다.

강남 개발이 정점에 달했던 1980년대 말, 삼풍건설은 서울 강남의 노른자위 땅에 아파트를 짓습니다. 아파트가 완공

삼풍백화점 개장을 알리는 광고지.

된 후 남은 땅에 백화점을 짓고 싶었지만, 당시 그 땅은 아파트 부지로 분류되어 있어서 백화점 건축 승인을 받을 수 없었습니다. 삼풍건설은 백화점 사업으로 기대할 수 있는 막대한 이윤을 포기하지 않았고, 남은 부지에 백화점을 지으려는 야심으로 결국 서초구청 공무원에게 뇌물을 주고 용도 변경을 받아냅니다.

처음엔 아파트 주민을 위한 대단위 종합 상가를 염두에 두고 건물 설계가 진행되었지만, 건물이 완공되어 갈 무렵 건축주인 삼풍건설 회장은 백화점으로 용도를 변경할 것을 시공사에 요구했습니다. 애초 계획했던 4층 건물 위에 한 층을 더 지으라고 했지요. 건물 붕괴를 우려한 우성건설이 이를 거부하자 삼풍 측은 계약을 파기하고 삼풍건설산업으로 시행사를 변경했습니다. 건물은 무리하게 5층으로 확장되었습니다. 이 과정에서 바닥과 기둥이 추가로 생겼고 일부 기둥은 용도에 따라 생략되기도 했습니다. 5층은 애초에 가벼운 시설로 계획했으나 도중에 한식당가로 불법 변경되면서 바닥에 온돌을 깔기 위해 배수로가 설치되었고 콘크리트가 추가되어 무게가 늘어났습니다. 본래 지하에 설치할 예정이었던 냉각탑 세 개도 지하 공간 확보를 이유로 옥상에 설치되었습니다. 결국 건물 상부에 무게가 계속 가중되면서 개장 초기부터 건물 전체에서 흔들림이 감지되기도 했습니다. 백화점은 진동으로 붕괴의 전조를 알렸던 것입니다.

삼풍백화점 붕괴는 예고 없이 한순간에 일어난 사고가 아닙니다. 1993년 8월, 건물 구조에 미치는 영향을 고려하지 않은 채 옥상 냉각탑을 주먹구구식으로 옮긴 뒤 이상 증상은 곳곳에서 더 많이 발견되었습니다. 1994년 4월경 5층 천장에 균열이 생긴 것이 시작이었지요. 건물이 붕괴하던 바로 그날 아침 9시에도 백화점이 문을 열자마자 5층 식당가에서 바닥 균열이 있다는 신고가 접수되었습니다. 그럼에도 백화

삼풍백화점 붕괴 현장.

점은 대책 회의에서 이를 무시하고 태연하게 영업을 계속하기로 결론 내렸습니다. 온갖 전조 경고를 무시한 그날 오후 5시 57분, 결국 건물은 순식간에 주저앉고 말았습니다. 세월호 침몰과 삼풍백화점 붕괴는 잠정 국면과 전조 국면의 경고에 귀 기울였다면 당연히 일어나지 않았을 참사입니다.

불평등은 자연재해를 재난으로 만듭니다

수면 위로 올라온 파국의 그 순간만을 생각하면 재난은 찰나의 순간에 벌어지는 비극처럼 보입니다. 삼풍백화점이 완전히 붕괴하는 데 겨우 20초밖에 안 걸렸던 점을 보면 그렇게 생각하는 것도 무리는 아니지요. 그런데 수면 위로 올라와 있는 작은 섬도 바닷속 깊은 곳까지 살펴보면 보이지 않았던 거대하고 연속된 지형이 눈에 들어옵니다. 우리가 사태 발생 국면만 살펴보고 재난을 해석할 때 많은 것을 놓치는 이유는 바로 그 때문입니다. 어떤 재난은 잠정 국면과 전조 국면이 한두 달 혹은 수년에 그치지 않고 몇십 년, 몇백 년에 걸친 아주 긴 시간이 누적된 결과로 나타나기도 하니까요.

2005년 8월 카트리나라는 이름의 허리케인이 미국 남부를 강타했습니다. 미시시피강 삼각주와 미시시피 해안가는 쑥밭이 되었고, 제방이 붕괴해 뉴올리언스시의 약 80퍼센트가 물에 잠기는 대홍수가 일어났습니다. 주변 지역까지 150만 명이 살고 있는 뉴올리언스에서만 이재민이 대략 27만명 발생했고, 1,330명이 사망하고 주택 30만 채가 파괴되었지요.

열대성 저기압인 허리케인은 태풍처럼 매년 특정 시기에 발생합니다. 카트리나가 예외적인 허리케인은 아니었지요. 물론 허리케인 발생 자체를 인간이 통제할 수는 없습니다. 인간은 허리케인의 경로를 바꿀 수도 없고 강도를 줄일 수도 없습니다. 이런 점만 고려하면 허리케인으로 인한 뉴올리언스의 피해는 자연재해처럼 보입니다.

허리케인 카트리나가 끼친 피해를 좀 더 자세히 들여다보겠습니다. 카트리나 피해 당시의 항공 사진은 뉴올리언스시의 사회적 취약성을 지리적 분포로 그대로 보여 줍니다. 피해 구역이 운하를 경계로 마치 자를 대고 선을 그은 것처럼 정확하게 나누어져 있지요. 기괴할 정도입니다. 피해는 흑인 거주 지역에 집중되었고 대부분의 사망자 역시 흑인 도시 빈민이었습니다. 뉴올리언스는 재즈의 고향으로 유명하고 재즈는 아프리카계 미국 문화에서 탄생했다고 알려진 것처럼 뉴올리언스 인구 중 흑인이 80퍼센트에 달합니다. 그리고 뉴올리언스가 있는 루이지애나주는 미국에서 두 번째로 가난한 주입니다. 또한 조지아주의 애틀랜타 다음으로 가구 소득 불평등이 심한 도시이기도 하지요.

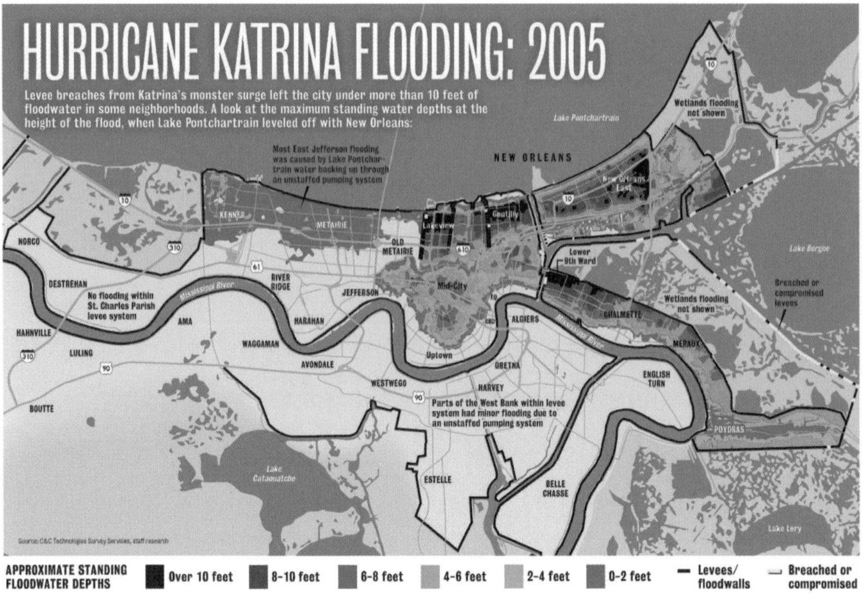

로우어 나인스 워드 지역을 비롯한 가난한 동네의
허리케인 카트리나 침수 피해가 더욱 심한 모습.

뉴올리언스의 빈곤이라는 사회적 취약성은 인종적인 형태로 나타납니다. 백인 가구 중 25퍼센트가 10만 달러 이상의 수입을 올리는 반면, 10만 달러 이상의 수입을 올리는 흑인 가구는 7퍼센트에 불과했습니다. 빈곤은 지리적이기도 해서 빈곤층은 뉴올리언스 저지대에 살고 부유층은 고지대에 살지요. 고지대에 있는 부유층의 주거지는 도시의 80퍼센트가 물에 잠기는 재해 속에서도 피해가 미미했습니다.

여기에 더해 미국 정부의 재난 대응은 총체적 부실로 얼룩졌습니다. 당시 미국 대통령 부시는 휴가 중이었는데 재난

허리케인 카트리나로 물에 잠긴 루이지애나주 뉴올리언스의 모습.

소식을 듣고도 휴가를 중단하지 않았고, 국방 장관 럼즈펠드는 야구 경기를 관람하고 있었으며, 국무 장관 라이스는 브로드웨이 연극을 관람하러 갔다가 관객의 야유를 받으면서도 연극을 끝까지 보았고 이튿날엔 유에스 오픈 테니스 경기를 관람했을 정도로 연방 정부는 재난을 대수롭지 않게 여겼습니다.

많은 사람이 제때 구조되지 못했고 임시 피난처는 수용 인원을 넘어서면서 제구실을 못했습니다. 도로가 떠내려가고 전기와 상하수도 시설이 마비되는 등 도시 기반 시설이 속

절없이 무너졌습니다. 통신은 두절되었고 의약품과 구호품도 제때 전달되지 못했습니다. 응급 구호의 손길이 닿지 못하자 이재민이 수용되어 있던 슈퍼돔 경기장은 무정부 상태가 되었지요. 식량과 생필품 부족에 항의하는 시민들이 무장 폭도로 돌변해 절도, 성폭행 등 각종 범죄가 빈발했고 먹을 것이 없어 굶어 죽었다는 괴담까지 파다하게 퍼질 정도로 도시 전체가 아수라장이 되었습니다.

허리케인 카트리나는 자연재해로 시작되었지만 자연재해로 머물지 않았습니다. 미국 사회의 구조적 문제를 고스란히 드러낸 '사회 재난'이 되었지요. 카트리나가 사회 재난의 대명사가 된 것은 허리케인이 강력해서가 아니라 뉴올리언스에 만연해 있던 사회적 병폐 때문이라는 점에 주목해야 합니다. 자연재해는 특정 사회적 배경과 맞물릴 경우 재해에 머물지 않고 재난을 불러온다는 사실을 카트리나 사태가 증명한 셈이지요.

카트리나 재난이 일어난 지 5년 후인 2010년 1월 12일, 중앙아메리카 아이티에서 리히터 규모 7.0의 강한 지진이 발생했습니다. 이 지진으로 10~31만 명에 이르는 사람이 사망하고 아이티 인구의 3분의 1에 가까운 300만 명이 이재민이 되었습니다. 아이티보다 강도 높은 강력한 지진도 많았지만 아이티가 입은 피해 규모를 고려하면 아이티 재난의 진짜 원인은 지진의 강도가 아니라 지진이 일어났던 아이티의 사회적 배경과 맥락에 있습니다.

1492년 콜럼버스가 카리브해 중앙의 히스파니올라섬에 상륙한 이래 이 섬의 원주민이었던 타이노족과 아라와칸족 같은 원주민들이 몰살당했습니다. 이후 아프리카에서 흑인 노예를 데려와 일하게 했는데 이들이 지금 아이티인의 선조입니다. 아이티는 전 세계에서 매우 가난한 나라 중 하나로 꼽힙니다. 국제식량정책연구소IFPRI가 매년 발간하는 세계기아지수GHI에 따르면, 아이티는 2023년 기준으로 125개 국가 순위 중 115위를 차지할 정도로 가난한 나라입니다. 순위가 낮을수록 기아와 가난이 심각하다는 의미입니다.

재난이 발생하기 전, 지진이 일어날 것이라는 예측이 이미 있었지만 가난한 나라 아이티는 이 예측과 경보에 주의를 기울일 만한 여력이 없었습니다. 아이티의 건물은 대부분 내진 설계가 되어 있지 않았고 지진이 일어나자 거의 모든 건물이 붕괴되었습니다. 그 때문에 그나마 취약한 사회적 인프라도 제 기능을 하지 못했습니다. 아이티의 수도 포르토프랭스와 근방 도시의 병원이 95퍼센트 이상 파괴되면서 의료 체계 붕괴되어 부상자 치료도 제대로 할 수 없었습니다.

지진을 연구하는 과학자 존 C. 머터는 『재난 불평등』에서, 재난이 일어났을 때 사망자의 수에 영향을 미치는 가장 중요한 변수는 가난이라고 말합니다. 그의 연구에 따르면 형태가 동일한 지리 물리학적 사건이 발생할 때 부유한 나라의 사망자 수는 가난한 나라 사망자 수보다 30퍼센트 적게 발생한다고 합니다. 또 스톡홀름 국제경제연구소는 사망자 수와 소득 수준 간에 강한 상관관계가 있음을 연구를 통해서 밝혀내기도 했습니다.

오늘날 자연 과학은 지진 발생을 예측할 수 있고, 태풍이나 허리케인의 발생 시점과 예상 경로를 예측할 수 있지만, 그것은 사태가 발생하기 직전에야 가능합니다. 아무리 과학이 발달하더라도 오늘날 세계가 직면한 가장 크고 어려우면서도 중요한 문제를 단지 과학의 힘만으로 해결할 수 없습니다. 허리케인 카트리나와 아이티 지진의 경우처럼 자연재해가 사회적 재난이 되는 이유는 참사가 자연 과학이 검증하지 못하는 '불평등'이라는 사회적 맥락의 결과이기 때문입니다.

자연재해로 인해 발생한 재난의 심각성은 자연재해 자체의 강력함만으로 결정되는 게 아니라 사건 앞뒤의 사회적 맥락에 따라 결정됩니다. 뉴올리언스의 피해 사례만 보더라도 사적인 부유함은 재난 상황을 피할 수 있는 방패가 되었고, 빈곤함은 소중한 삶을 잃게 된 원인이 되었지요. 또 아이티의 오래된 사회적 취약성은 지진을 재난으로 만들었고, 재난은 다시 아이티의 사회적 취약성을 더욱 악화시키는 악순환을 빚어냈습니다. 그렇다면 재난의 악순환으로부터 무엇이 인간을 구원해 줄 수 있을까요?

4장

재난 이후 우리는 억압, 반격과 기억의 갈림길에서 어디로 가게 될까요?

왜 우리는 쉽게 잊고 비슷한 일은 반복될까요

왜 인간은 재난으로부터 배우지 못하는 걸까요? 왜 우리는 쉽게 잊고 비슷한 일은 반복되는 것일까요? 재난에 관해 생각할수록 우리의 머릿속에서 이 질문이 사라지지 않습니다.

재난의 참혹함은 사람들의 눈길을 끕니다. 믿기 어려운 파국적 장면을 보고 외면할 수 있는 사람은 아마 없을 것입니다. 재난이 일으킨, 연이어 들려오는 죽음의 소식을 접하면서 평상심을 유지하기란 불가능합니다. 재난의 현장엔 분노와 원망의 소리로 가득합니다. 미디어가 주목하기에 딱 좋은 조건입니다. 사람들이 주목하면 그 자체가 돈이 된다는 '주목의 경제'에 민감한 각종 미디어는 보도 경쟁에 총력전을 벌입니다. 희생자가 많을수록 재난 현장에 파견된 카메라의 숫자도 늘어나고 재난은 모든 이에게 화젯거리로 떠오릅니다.

그러다 시간이 지나면 카메라가 하나둘 재난 현장에서 철수하기 시작합니다. 미디어에서 다루는 보도 건수도 줄어들지요. 모두가 그 재난을 입에 올리던 때도 있었지만, 사람들의 주목을 받는 또 다른 재난이 나타나거나 혹은 인간이라면 불가항력인 시간에 의한 망각으로 그 재난은 어느새 우리의 머릿속에서 사라지게 됩니다. 사람들이 그 재난의 비극을 잊어버리고 미디어는 다른 재난에 주목하는 사이, 재난의 현장엔 생존자와 무고한 희생자만 덩그러니 남습니다. 보도 경쟁을 벌일 때 동의도 구하지 않고 비탄에 빠진 유가족에게 마이크와 카메라를 들이대던 기자도 더 이상 보이지 않습니다. 재난의 충격은 침묵의 바다 저 깊은 곳으로 사라져 갑니다. 미국의 소설가이자 문화 평론가인 수전 손택의 표현처럼 "실제 어떤 일이 일어나느냐가 아니라 대중 매체에서 어떤 일이 일어나느냐"에 따라 재난의 실재 여부가 좌지우지되는 시대를 우리는 살고 있으니까요. 긴박한 재난 상황의 실시간 보도 경쟁이 지나고 나면, 드디어 그 재난을 잊게 하려는 반격backlash이 시작됩니다.

반격은 망각을 기대합니다. 반격은 사태의 충격이 가라앉기를 원합니다. 미디어의 집중 조명이 지나간 자리에서 재난에 대한 사회적 주목이 수면 아래로 다시 내려가기를 바라지요. 반격의 세력은 재난의 분명한 가해자이거나 재난에 대한 책임을 져야 할 집단인 경우가 많습니다. 그들의 사회적 영향력이 강할 경우, 참상이 외부에 알려져 시민의 공분을 불러일으키면 자신들의 입지가 위태로워지기에 재난 현장이 외부로 알려지지 않도록 최선을 다합니다. 망각의 순간이 빨리 도래하도록 반격에 나서지요.

반격의 힘에 의해 지배받게 되면 재난의 사태 국면에서 우리가 받은 충격이 아무리 크더라도 우리는 재난으로부터 배우지 못합니다. 여러 재난이 보여 주듯 사태 국면은 재난의 발생 구조 중 수면 위로 떠오른 빙산의 일각에 불과할 뿐이고, 재난은 수면에 드러나지 않은 거대하고 오래된 단단한 구조를 숨기고 있기 때문이지요. 그렇기에 빙산의 일각만 개선한다면 재난의 비극으로부터 우리는 배우는 것 없이 사후 약방문만 남발하는 어리석음을 되풀이할 것입니다.

기억의 힘은 재난이 되풀이되지 않기를 간절히 바랍니다. 선부른 사태의 봉합이나 책임 면피성 처방만으로는 부족함

을 알기에, 기억의 힘은 숨어 있는 재난의 심해를 반성적으로 바라보려 합니다. 재난을 낳은 구조의 뿌리를 건드려야 재난이 되풀이되지 않음을 믿기에, 기억의 힘은 쉽게 사태의 비극을 잊어버리려 하지 않습니다. 깊은 기억은 어설프게 재난을 조사한 후 묻어 버리지 않겠다는, 재난에 대한 성찰을 중단하지 않겠다는 의지입니다. 깊은 기억은 철저하게 봉인되어 있는 과거의 재난이 없는지 놓치지 않으려고 눈을 크게 뜨고 뒤를 돌아봅니다. 기억의 눈이 과거를 향하면 침묵을 강요받았던 재난의 목소리가 희미한 틈새로 들려옵니다. 우리는 그 희미한 목소리를 가볍게 여기지 않을 것입니다.

재난 자체가 수면으로 드러나는 것조차 억압받는 재난도 있습니다

잊힌 재난보다 더 슬픈 재난은, 알려지지 않아 아예 잊힐 수도 없는 재난입니다. 어떤 재난은 발생 이후 지속적으로 침묵을 강요받으며 그 재난의 신음이 절대 외부로 유출되지 못하도록 밀봉되었습니다. 아르메니아 대학살이 그렇습니다. 유대인 집단 학살인 홀로코스트가, 잊혀서는 안 된다는 광범위한 합의로 지금도 언급되고 토의되고 분석되는 현재형인 재난이라면, 아르메니아 대학살은 자행되었던 그 당시부터 지금에 이르기까지 철저히 금기의 대상으로 취급되었지요. 재난에 대한 침묵은 실제로 있었던 일을 없는 일처럼 만들어 버리는, 후세대 사람이 과거의 재난에 가하는 2차 공격입니다.

노벨 문학상 수상자인 튀르키예의 작가 오르한 파묵은 2005년 스위스 신문 《타게스 안차이거Tages Anzeiger》와의 인터뷰에서 아르메니아인 학살을 국제적으로 언급하지 않는다는 내부의 암묵적 금기를 깨고 학살의 책임에 관해 언급했습니다. 그 인터뷰 후 튀르키예의 반격이 만만치 않았습니다. 그의 발언은 튀르키예 우익 민족주의자들의 분노를 불러일으켰고 오르한 파묵은 형법 301조에 의거한 '국가 정체성 부인 및 이미지 훼손' 혐의로 기소되었습니다.

작가들은 오르한 파묵의 편을 들었습니다. 『눈먼 자들의 도시』를 쓴 포르투갈의 작가 주제 사라마구, 『백 년의 고독』을 쓴 콜롬비아의 작가 가르시아 마르케스, 『양철북』을 쓴 독일의 작가 귄터 그라스는 즉각 오르한 파묵을 지지하는 서한을 튀르키예 정부에 보내며 오르한 파묵과 함께 과거의 비극에 침묵하지 않겠다는 연대의 뜻을 보여 주었습니다. 이들 모두가 노벨 문학상을 수상한 작가들이었습니다. 다행히 튀르키예 정부가 오르한 파묵에 대한 제소를 포기해 처벌은 받지 않았지만, 오르한 파묵의 기소 사태는 기억 자체가 억압당한 재난의 존재와 기억하려는 우리의 의식적인 노력이 얼마나 중요한지 새삼 일깨워 줍니다.

한국 전쟁 동안 충북 영동군 노근리에서 벌어졌던 민간인 학살 또한 언급되어서는 안 될 침묵의 봉인 속에 갇혀 있던 비극이었지요. 1950년 6월 25일 한국 전쟁이 발발했는데, 한반도에서 전면전이 벌어질 것이라 예상하지 못했기에 정부와 군은 피란민 대책을 수립하지 못한 상태였습니다. 6월 28

일 북한군이 서울을 점령하자 이를 피해 남쪽으로 가려는 피란민이 급증했습니다. 미군은 군사 작전을 원활히 수행하기 위해 노근리 지역을 비우기로 결정했지만, 피란민이 좁은 국도를 따라 이동하면 부대 이동 및 보급 물자 수송 등 군사 작전에 지장이 생길 것을 우려했지요. 또한 북한군이 이 대열에 피란민으로 위장하여 침투한 뒤 후방 교란을 시도할 가능성 때문에 신경이 곤두서 있었습니다.

충북 영동군에 있는 임계리와 주곡리는 300여 가구가 넘는 주민이 살던 큰 마을이었습니다. 1950년 7월 23일, 미군이 내린 소개령에 따라 500~600명의 주민이 피란길에 나섰습니다. 7월 25일에 미군의 인솔하에 피란민은 하가리에 도착했고, 미군의 지시로 그날 밤 7월 25일 심야부터 26일 새벽까지 하천변에서 노숙한 후에 날이 밝자 경부 국도를 따라 남쪽으로 향했습니다.

그런데 피란민이 서송원리 입구에 도착했을 때 미군 항공기가 공중 포격을 시작해 순식간에 많은 이들이 살상됩니다. 살아남은 피란민은 공중 포격과 지상군의 사격을 피해 철길 주변에 숨어 있다가 근처 노근리 쌍굴로 몸을 피했습니다. 쌍굴에 갇혀 있던 피란민 중 일부 젊은 사람은 쌍굴 탈출에 성공했지만, 어린아이와 여성, 노인은 쌍굴 속에 남아 있을 수밖에 없었습니다. 미군은 누구도 쌍굴에서 나오는 것을 허락하지 않았습니다. 쌍굴에서 나오는 사람이 있으면 무조건 발사했지요.

미군은 쌍굴 속 피란민을 3일간이나 공격했습니다. 당시 제7 기갑 연대의 중대장이었던 멜버른 챈들러 대위는 피란민 중에 '빨갱이가 있을 것이다.'라고 확신하며 쌍굴 동쪽에 기관총 초소를 구축했고 철로 서쪽 언덕에 병사들을 배치했습니다. 그는 "그 누구도 나오지 못하게 하라." "만약 나오는 사람이 있으면 발사하라."* 라고 명령했지요.

이후 공식 조사를 통해 확인된 노근리 학살 관련 피해자는 226명에 달합니다. 사망자가 150명, 행방불명자가 13명, 후유 장애자가 63명이고 이 중 남자가 113명, 여자가 113명이었는데, 남자 희생자 대부분은 젊은 남자가 아니라 어린아이와 노인이었습니다.

노근리 사건은 전쟁 중에는 전쟁 중이라는 이유로, 전쟁이 끝난 이후에는 미군의 민간인 학살이 알려지는 것을 막는다는 이유 혹은 또 다른 구실로 세상에 알려지지 않았습니다. 아니 알려지지 않도록 진실을 막고 억눌렀습니다. 노근리 사건의 피해자는 분명 있는데, 그들을 피해자로 만든 사건은 국가의 공식 기억 속에 자리 잡지 못했지요. 노근리 학살은 수면 위로 올라왔다가 반격에 의해 망각 속으로 사라진 재난이 아니라, 아예 처음부터 없었던 것처럼 억압되고 지워진 재난

* 충청북도 영동군, 『노근리 사건 자료 모음』 증보 개정판, 충청북도 영동군, 2007년, 78쪽.

이었습니다.

세상 밖으로 나오지 못하도록 억압된 기억은 노근리 학살만이 아닙니다. 1980년 5월 광주에서 학살이 있었음에도 국가의 공식 기억은 무고한 시민에 대한 공수 부대의 무차별 공격을 인정하지 않았습니다. 총에 맞아 죽은 사람은 분명 있는데 총을 쏜 사람은 없고, 군은 시민을 향해 발포했는데 사격 명령을 내린 사람은 공식적으로 존재하지 않는, 폭력적인 기억에 대한 억압이 1980년대를 휘감았지요. 광주에서 민간인 학살이 있었다는 말을 꺼내기만 해도 유언비어 날포죄로 처벌하며 의도적인 침묵 속에 갇혀 있길 강요받았습니다. 실제로 죽어 간 사람이 있고 그들의 무덤이 있고 그것을 지켜본 목격자가 있고 가족을 잃은 이들이 존재하는데도 말입니다.

은폐와 억압을 넘어 재난을 기억하려는 사람도 있습니다

우리가 지금 노근리에 대해 알고, 광주에서의 비극을 알고 있는 것은 기억을 묻으려는 압력에 맞서 기억의 힘으로 진실을 세상에 알리고, 억압에 의해 묻힌 재난을 다시 수면으로 끌어올리기 위해 혼신의 노력을 다한 사람들이 있기 때문입니다.

1980년대 내내 대학생들은 광주의 진상 규명과 학살 원흉 처벌을 요구하는 시위를 벌였습니다. 마침내 군사 독재가 청산된 1988년, 국회에 설치된 특별위원회청문회를 통해 공식적으로 언급하지 못했던 광주의 진실이 수면 위로 떠올랐습니다. 그 뒤로 진상을 규명하려는 노력은 계속되어 1995년 국회에서 여야 합의로 '5·18민주화운동 등에 관한 특별법'과 '헌정질서파괴범죄의 공소시효 등에 관한 특별법'이 제정되면서 광주에서 무차별 사격에 의한 학살이 있었다는 사실이

일본 신문에 실렸던 5·18 광주 민주화 운동 뉴스

제주 4·3평화공원 내에 마련된 얼굴 없는 사람들이 그려진 비석.

공식적으로 인정되었고, 전두환은 노태우와 함께 구속 기소되었습니다. 기억의 힘이 반격의 힘을 이겼기에 가능했던 사태의 전개였습니다.

노근리의 진실이 후대에 전해지는 데에는 정은용 씨의 노력이 결정적이었습니다. 정은용 씨는 노근리에서 당시 다섯 살, 세 살이던 아들과 딸을 잃었습니다. 노근리의 비극을 유가족 외에는 알지 못하던 시절, 정은용 씨는 사건의 진실을 알리는 일을 홀로 시작했습니다. 1960년에 주한 미군 소청 사무소에 손해 배상과 공개 사과를 요청하는 진정서를 제출한 것을 시작으로 1994년에는 클린턴 당시 미국 대통령에게 진정서를 보내 미국 정부의 공식 사과와 피해 보상을 요구했고, 노근리 미군 민간인 학살 대책위원회를 만들어 20여 차례 이

노근리평화박물관 채널의 온라인 도슨트 투어 중 쌍굴다리 장면.

상 미국 정부와 미국 상하 의원 그리고 한국 정부와 국회에 진정서를 제출했습니다. 억압되어 있던 기억이 수면 위로 떠오르도록 노근리 사건을 고발하는 책 『그대, 우리의 아픔을 아는가』를 펴내기도 했습니다.

책 출판을 계기로 대책위원회는 내외신 언론 기관에 사건을 적극적으로 알렸지요. 진실 규명을 위해 피해자의 증언을 채록하고, 미국 '국립문서보관소'에 소장된 미군 작전 기록을 수집하여 객관적인 증거들을 확보하고, 이를 근거로 노근리 사건에 관한 여러 논문도 발표했습니다. 이런 노력은 다국적 비영리 뉴스 통신사 AP 취재 팀의 탐사 보도를 불러왔고, 노근리 학살은 오랜 기억의 억압을 뚫고 전 세계에 알려지기 시작했습니다. 마침내 2004년 사건 희생자의 명예를 회복하는 법안인 '노근리 사건 특별법'이 국회를 통과했지요. 정은용 씨가 최초의 진정서를 제출한 1960년으로부터 44년이 지난 후였습니다. 44년이라는 망각의 시간을 견딘 것은, 기억하려는 힘이었습니다.

제주의 4·3 역시 국가의 공식 기억으로 자리 잡기까지 긴 침묵을 강요받고 망각을 버텨야 했습니다. 4·3 이후 남겨진 유가족은 이중의 고통을 당했습니다. 1948년부터 1954년까지 군경에 의해 민간인이 희생된 사건인 4·3의 희생자는 무조건 빨갱이였다는 냉전 논리가 판을 치던 시절, 희생자 가족은 피해 사실을 꽉꽉 비밀로 숨기고 숨죽이며 살아야만 했습니다. 강요된 침묵도 모자라 사건 과정에서 군경 토벌대에 의해 죽임을 당하거나 사법 처리를 받았다는 이유만으로, 희생자 유가족들은 친족에게 죄를 덮어씌우는 연좌제에 의해 감시당하고 사회 활동에 심한 제약을 겪었습니다. 유가족의 86퍼센트가 피해를 겪었다고 응답할 만큼 4·3으로 인한 제주도민 대다수는 연좌제 피해 경험을 갖고 있지요.

1960년 4·19 혁명과 1987년 민주화 운동 시기에 간헐적으로 떠오르던 4·3의 진실은 1997년 대통령 선거에서 당시 김대중 후보가 4·3 사건의 진상 규명과 명예 회복을 공약으로 내세운 것을 계기로 대한민국의 공식 기억으로 자리 잡을 수 있는 발판을 마련했습니다. 그리고 1999년 국회에서 '제주4·3사건진상규명 및 희생자 명예회복에 관한 특별법'이 통과됨으로써 수면 위로 올라왔지요. 2014년 정부가 '각종 기념일 등에 관한 규정'을 개정하며 4·3은 국가가 추념하는 기념일이 되었습니다. 제주에서 4·3의 마지막 동백꽃이 떨어진 1954년을 기준으로 삼으면 무려 60년이 지난 후입니다.

억압되어 있던 기억이 수면으로 올라온 사례에서는 공통점이 발견됩니다. 과거의 비극을 국가가 인정하고 무고한 희생자에게 가한 2차 공격을 사과할 수 있었던 것은, 재난의 기억을 억압했던 사회적 취약성이 민주화 운동을 통해 개선된 것과 깊은 연관을 맺고 있습니다. 독재는 정보를 독점하고 자신에게 불리한 정보는 통제하는 시스템입니다. 군사 독재 이후 이 모든 '재기억' 활동이 자리 잡을 수 있었던 것은 사건을 재난으로 만드는 사회적 취약성인 폐쇄주의가 약해졌기 때문입니다. 사회적 취약성이 개선되지 않았다면 억압된 재난은 재기억화의 흐름을 타지 못했을 것입니다. 민주화는 정치 질서를 정상화하는 과정이자 동시에 재난을 되풀이하지 않기 위해 과거의 어둠과 대면하려는 용기가 사회적으로 수용되는 과정이지요.

기억은 우리 모두의 일입니다

아르메니아 학살 이후에 홀로코스트로 비슷한 재난이 반복된 이유는 무엇일까요? 히틀러는 1939년 폴란드를 침공하기 전, 독일군 수뇌부 앞에서 연설하며 "지금 누가 아르메니아인을 기억하는가?"라고 말했다고 전해집니다.

홀로코스트는 아르메니아 집단 학살의 기억이 억압되었기에 가능했습니다. 아르메니아의 기억이 나치 시대에도 현재형이었다면 나치의 홀로코스트는 주목되고 경계되고 개입되었을 것이고, 아르메니아를 기억하는 양심 있는 시민들은 유대인 집단 학살의 반인륜성을 지적하며 반대하는 목소리를 냈을 것입니다.

재난이 벌어지고 난 이후 우리는 재난으로 삶을 달리한 사람을 되살릴 수 없습니다. 세상을 재난 이전으로 손상 없이 되돌아가게 할 수도 없습니다. 재난의 파국 앞에서 애통해하는 일 외에 인간은 할 수 있는 게 없을까요? 홀로코스트의 생존자이자 작가인 엘리 위젤은 1986년 노벨 평화상 수상식 연설에서 우리가 과거의 재난을 망각한다면 우리 역시 유죄이고, 재난의 공범이라고 말했습니다. 인간을 구원할 수 있는 유일한 방법은 망각을 강요하는 반격에 맞서 기억으로 저항하는 것입니다.

재난의 직접 체험은 당사자에게 깊은 정신적 외상, 즉 트라우마를 낳습니다. 무고한 그들이 재난의 기억이 재생되는 플래시백에 시달리지 않도록 도와야 합니다. 그 순간에 다행히 살아남았다 하더라도, 생존자들은 살아남았다는 그 이유 하나만으로 PTSD post traumatic stress disorder, 외상 후 스트레스 장애를 겪습니다. 아무리 잊으려 해도 정신적 외상을 입은 사람에겐 재난의 순간이 이미지, 상기, 지각을 통해 환영, 환각으로 혹은 되풀이되는 꿈으로 그 사건을 다시 겪는 듯한 재체험을 하게 됩니다. 재난 이후에도 우리가 계속해서 재난에 주목해야 하는 이유는 그 때문입니다.

산만언니는 삼풍백화점의 생존자입니다. 그에게 삼풍백화점의 기억과 재난 현장은 한때의 끔찍한 악몽이 아니라 끊임없이 되풀이되는 현재입니다. 예상하지도 못한 순간, 재난의 기억은 떠올리고 싶지 않은 끔찍했던 사건을 되살리는 기폭제 역할을 하지요.

끝내 이때 받은 충격이, 사고 이후 10년이라는 잠복기를 거친 후 극도의 불안과 우울 증세를 동반한 정신과 질병으로 찾아왔다. 정말 어느 날 아침에 갑자기 '더는 이렇게 살기 싫다.'는 생각이 들었다. 뭐라고 해야 할까. 그때 막연히 '앞으로 남은 생은 그냥 이런 식으로 이어지겠구나.' 하는 예감에 사로잡혔기 때문이다. 그러자 말 그대로 죽어야겠다는 생각만 남았다. 게다가 밤마다 내 영혼은 갈기갈기 찢어지는데 이를 아무한테도 말하지 못하는 상황이 더없이 견디기 힘들었다.*

재난 이후 재난의 기억을 희생자, 생존자 그리고 가족에게만 맡겨 두어서는 안 됩니다. 재난 이후 기억의 힘을 관리하는 사람은 우리 모두가 되어야 합니다. 우리는 재난의 목소리를 들었습니다. 그리고 다시는 이러한 일이 되풀이되지 않도록 해 달라는 간절한 호소도 들었습니다. 이제 기억의 힘을 관리해야 하는 당사자는 우리 모두입니다.

---

* 산만언니, 『저는 삼풍 생존자입니다』, 푸른숲, 2021년, 42쪽.

'이제는 지겹다'는 소극적 반격과 '애초에 잘못 알려졌다'는 부인론은 재난 이후의 전형적인 반격입니다

재난이 일어난 순간에는 어느 누구도 가해자 편을 들지 않습니다. 그러나 반격은 미디어의 관심이 멀어지는 순간을 기다립니다. 진상 규명이 아직 충분히 이뤄지지 않았는데도 관심이 사라지면 다양한 모습으로 반격이 하나둘 고개를 쳐들기 시작합니다.

후쿠시마 재난 이후 일본 정부는 말 바꾸기 방법으로 사태를 중화시키는 눈가림을 했지요. 재난 발생 상황이었던 2011년 3월 12일 당시 공보 담당인 나카무라 고이치로 심의관이 후쿠시마 1호기의 노심 용융 가능성을 언급했는데, 그날 이후 나카무라 심의관은 공개적인 자리에서 사라졌습니다. 사고 조사 검증 위원회의 중간 보고에서 드러난 바에 따르면, 당시 총리 관저에서 노심이 녹았다는 뜻의 용융이라는 말을 못마땅하게 여겼다고 하지요. 그 후 기자 회견에서 '노심 용융'이라는 용어가 사라지고 '노심 손상'이라는 말이 등장했습니다. 도쿄전력도 기자 회견에서 '노심 손상'으로 설명했고, 노심 용융의 진위를 수차례 물었지만 인정하지 않았습니다. 그런데 2016년에 도쿄전력 사장이 사고 직후 노심 용융이라는 용어를 쓰지 말 것을 지시했다는 사실이 드러났습니다.

말 바꾸기 방식의 반격은 이후에도 계속되었습니다. 핵연료 온도가 안정적으로 내려갔다는 '냉온 정지'라는 신조어가 대표적입니다. 일본 정부는 2011년 12월 '냉온 정지'를 선언했습니다. 그러나 실제로는 녹아내린 핵연료가 냉각되고 있긴 했지만 원자로에서는 매일 고농도 오염수가 대량 발생하고 있어 '안정적인 상태'와는 거리가 멀었지요. 게다가 오염수를 '체류수'라고 바꿔 불렀습니다.

후쿠시마의 반격이 말 바꾸기 방식으로 진행되었다면 세월호에 대한 반격은 철저한 진상 규명을 요구하는 유가족에 대한 2차 공격의 형식으로 이뤄졌습니다. 세월호 침몰의 충격이 우리 모두의 것이었을 때, 여전히 미디어의 톱뉴스가 세월호의 진실 규명이었을 때, 우리는 규명되지 않은 의혹이 여전히 많다고 믿었고 미디어가 그 의혹을 풀기 위해 다각도의 취재를 벌일 때 반격은 고개를 들지 못했습니다.

그러나 반격의 세력은 눈치를 보면서 때를 기다립니다. 재난 당사자 주변에 든든한 지원 세력이 하나둘 사라지는 그 순간을 기다리지요. 그 순간이 왔다 싶으면 '이제는 지겹다.'라는 소극적 반격으로 분위기를 형성하기 시작합니다. 그리고 이에 대한 비판적 움직임이 보이지 않는 것처럼 느껴지면 적극적 반격을 감행합니다. 진상 규명을 요구하는 유가족을 보상금이나 바라는 사람으로 둔갑시키는 것이지요. 사태 발생 국면에서 어느 누구도 감히 입에 올리지 못했던 대담한 재난 부인론이 공공연히 펼쳐집니다. 세월호는 재난 참사가 아니라 그냥 교통사고였을 뿐이라고, 그런데 유가족이 유난을 떨고 있다고, 이제는 세월호를 잊어도 된다고 반격했지요.

그렇다면 홀로코스트는 어떤 반격도 허락되지 않을 정도로 강한 기억의 힘에 둘러싸여 있을까요? 그렇지 않습니다. 홀로코스트 역사 부정론은 노골적인 정치 선동부터 학문적으로 위장된 형태에 이르기까지 다양하게 포장되어 여전히 곳곳에서 벌어지고 있습니다. 홀로코스트 부인론의 핵심을 추리자면 이렇게 정리할 수 있습니다. (1) 나치는 조직적으로 유럽의 유대인들을 몰살하려고 시도한 적이 없다. (2) 희생자는 500만~600만보다 훨씬 적은 숫자다. (3) 가스실이나 처형 시설은 존재하지 않았다. (4) 홀로코스트는 유대인이 지어낸 괴담으로, 보상금을 뜯어내 이스라엘의 국고를 늘리려는 수작이다.

교묘한 홀로코스트 부인론은 역사학 연구 방법론인 기록 실증주의를 내세운 전략을 펼칩니다. 기록 실증주의는 역사

위안부 피해자들의 삶을 사진과 영상으로 담은 '할머니의 내일 전(展)'의 모습.

의 진위를 판별하는 데 있어 기록 여부가 결정적이라는 연구 방법론입니다. 애초에 기록 실증주의는 피해자 '증언'의 중요성을 부정하기 위해 만들어진 방법론이 아니라 역사 연구에서는 해석보다 사실이 중요하고, 사실은 기록에 담겨 있다는 점을 강조하는 방법론인데도 말입니니다. 홀로코스트 부인론은 기록의 맥락을 자의적으로 무시하고 사용하는데 주로 생존자들의 증언을 문제 삼습니다.

홀로코스트는 생존자들의 증언으로부터 시작되었지요. 일본의 군 위안부 강제 동원이 강요된 침묵을 뚫고 세상의 기억 속에 자리 잡기 시작한 것도 1991년 자신이 일본군 '위안부'였음을 처음으로 밝힌 김학순의 증언에서 시작되었습니

추운 날 목도리를 매고 있는 소녀상.

다. 김학순의 최초 증언 이후 한국정신대문제대책협의회가 '정신대 피해 신고 전화'를 개설해 피해자의 증언을 모았고, 김학순에 이어 다른 피해 생존자의 증언이 이어져 1992년 일본 법정에서 증언함으로써 1993년 고노 요헤이 내각 관방 장관이 일본군 '위안부'에게 사죄하는 계기가 되었습니다. 고노 담화는 조금 길더라도 읽어 볼 필요가 있습니다.

> 소위 종군 위안부 문제에 대해서 (일본)정부는 1991년 12월부터 조사를 진행해 왔으나 이번에 그 결과가 정리되었기에 발표하기로 하였다. 이번 조사 결과 장기에 걸쳐 또한 광범한 지역에 걸쳐서 위안소가 설치되어 수많은 위안부가 존재한 것이 인정되었다.

위안소는 당시 군 당국의 요청에 의해 설치·운영되었으며 위안소의 설치·관리 및 위안부의 이송에 대해서는 구 일본군이 직접 또는 간접적으로 관여하였다. 위안부 모집에 대해서는 군의 요청을 받은 업자가 주로 이를 담당하였으나 그 경우도 감언이나 강압적인 방법 등으로 본인의 의사에 반하여 모집된 사례가 많았으며 또한 관헌 등이 직접 이에 가담한 경우도 있었다는 사실이 밝혀졌다. 또한 위안소 생활은 강요당한 상황 아래 이루어진 비참한 것이었다.

또한 전쟁터에 이송된 위안부의 출신지는 일본을 제외하면 한반도가 큰 비중을 점하고 있고 당시 한반도는 우리 나라의 통치하에 있었으므로 그 모집, 이송, 관리 등도 감언이나 강압에 의해 총체적으로 본인의 의사에 반하여 이루어졌다.

예컨대 소위 종군 위안부 문제는 당시 군의 관여하에 수많은 여성의 명예와 존엄을 크게 손상시킨 문제이다. 일본 정부는 이 기회에 그 출신지를 막론하고 소위 종군 위안부로서 많은 고통을 받고 심신에 걸쳐 치유하기 어려운 상처를 입으신 여러분께 대하여 다시 한번 진심으로 사과와 반성의 마음을 표한다. 또한 그러한 마음을 우리 나라가 어떻게 구체적으로 표할 것인가에 대해서는 유식자의 의견을 모아 계속해서 진지하게 검토해야 한다고 생각한다.

우리는 이러한 역사의 진실을 회피하지 않고 오히려 이 문제를 역사의 교훈으로 삼아 직시하고자 한다. 우리들은 역사 연구, 역사 교육을 통해서 이러한 문제를 오랫동안 기억에 새겨 같은 잘못을 결코 되풀이하지 않겠다는 굳은 결의를 다시 한번 표명한다.

또한 이 문제에 대해서는 우리 나라(일본)에서 소송이 제기되고 있으며 국제적으로도 관심이 모아지고 있어 (일본)정부로서도 앞으로도 민간의 연구를 포함하여 충분한 관심을 갖고자 한다.*

역사 부인론은 '실증'을 내세워 증언의 진정성을 무시하고 증언의 신빙성을 떨어뜨리는 전략을 취합니다. 이들은 홀로코스트를 부정하는 전술로 히틀러가 유대인 학살을 명령한 문서 기록이 존재하지 않는다고, 즉 유대인 학살 명령이 기록으로 남아 있지 않기 때문에 유대인 학살은 허구라고 주장하지요. 아우슈비츠에 가스실은 있었지만 그것은 유대인을 학살하는 데 사용된 것이 아니라 다른 용도로 쓰인 것이며 그 어디에도 유대인을 학살하기 위해 가스실을 사용했다는 기록이 없다는 점을 들어 홀로코스트를 부정합니다. 홀로코스트 역사 부정론은 미국의 역사재평가연구소IHR를 중심으로 국제적인 네트워크를 형성해 꽤나 조직적인 움직임을 펼치고 있습니다. 1993년 미국의 유대인 역사학자 데버라 립스탯Deborah Lipstadt이 『홀로코스트 부정: 진실과 기억에 대해 증가하

---

* 〈위안부 관계 조사결과 발표에 관한 고노 내각관방장관 담화(慰安婦関係調査結果発表に関する河野内閣官房長官談話)〉, 1993년 8월 4일. 국사편찬위원회, 우리역사넷.

는 공격』이라는 '홀로코스트 부정론'의 전략을 파헤치는 책을 출판한 뒤, 역사 부정론자에 의해 명예 훼손 혐의로 기소되면서 진실을 둘러싼 법정 다툼이 일어났지요. 이를 영화로 만든 〈나는 부정한다〉(믹 잭슨, 2016)는 홀로코스트 역사 부정론자의 궤변에 가까운 주장의 실체를 알기에 좋은 텍스트입니다.

역사적 기억을 부인하는 반격은 재난만큼이나 되풀이되고 있습니다. 위안부 피해 부정론자들 역시 기록 실증주의를 반격의 수단으로 사용합니다. "위안부는 자발적 매춘부였다.", "위안부는 성 노예가 아니다."라는 주장을 펼치는 이들은 기록 실증주의를 이용하여 강제 동원을 증명할 만한 문서 증거가 없다는 이유를 듭니다. 이들의 주장은 이렇게 정리될 수 있습니다. (1) 일본 정부 또는 일본군은 일본군 위안부를 조직적으로 관리하지 않았다. (2) 당시 일본군 위안부의 숫자는 과장되어 있다. (3) 일본 정부와 일본군에 의한 위안부의 납치, 강제 연행, 기망, 강간은 없었다. 위안부들은 돈을 벌기 위해 자발적으로 매춘을 했던 자들이다. (4) 일본 정부 또는 일본군이 한국, 중국에서 위안부들을 강제로 연행하여 성 노예로 삼았다는 주장은 한국과 중국이 보상금을 뜯어내고 일본을 괴롭히려는 수작으로 조작한 괴담이다.

홀로코스트 부정론의 판박이라고 할 수 있을 만큼 반격을 꾀하는 세력이 동원하는 논리는 매우 유사합니다. 그들은 늘 증언을 의심하고, 직접적인 문서 증거가 없으면 피해자의 증언만으로는 사태를 규정할 수 없다고 주장하지요.

한술 더 떠 가해자인 전두환은 5·18 부정의 반격에 직접 관여했습니다. 그는 『전두환 회고록』에서 5·18 헬기 사격을 증언한 고 조비오 신부를 "성직자라는 말이 무색한 파렴치한 거짓말쟁이"라고 비난한 혐의로 2018년 기소되어 재판에 다시 회부되었습니다. 2020년 1심에서 징역 8개월에 집행 유예 2년을 선고받았는데, 재판 내내 불성실한 태도로 임했을 뿐만 아니라 최종 선고가 내려지던 날은 꾸벅꾸벅 졸다 깨다를 반복했다고 알려졌지요. 비록 정치적 이유로 후에 사면되었다 하더라도 1995년에 구속 기소되어 내란죄 및 반란죄 수괴 혐의로 1심에서는 사형을, 항소심에서는 무기 징역을 선고받았던 그가 말입니다.

반격에 대응하여 진실 규명을 위해 기억 투쟁에 나서는 힐즈버러 참사의 진실 찾기

1989년 힐즈버러 참사는 일어난 지 며칠도 지나지 않아 신속하고 전방위적인 반격을 맞습니다. 참사 당일 현장 통제를 담당했던 사우스요크셔 경찰은 책임을 피하기 위해 참사는 술 취한 훌리건 탓이라는 거짓 이야기를 언론에 유출했고, 극성스러운 응원으로 악명 높았던 리버풀 팬에 대한 편견에 편승해 참사 현장에 있던 리버풀 팬은 졸지에 참사의 핵심 원인 제공자가 되어 버렸습니다. 언론도 한몫 거들었지요. 참사가 일어난 지 4일째 되던 날 영국 타블로이드판 황색 신문의 대명사인 《더 선The Sun》지는 1면에 '진실'이라는 헤드라인으로, 힐즈버러 참사는 리버풀 팬의 부적절한 행동 때문에 일어난 사고라고 보도했습니다. 잇달아 모든 언론이 희생자를 탓했습니다. 훌리건에 대한 편견을 이용한 낙인 씌우기 프레임이었지요.

1990년 로드 테일러 판사가 이끈 조사위원회가 발표한 '테일러 보고서'는 참사의 핵심 원인은 사우스요크셔 경찰의 군중 통제 실패이고, 음주 상태에서 입장권도 없이 경기장에 난입한 리버풀 팬은 부차적 요인에 불과하며, 많은 팬이 술을 마셨지만 만취한 상태는 아니었으며, 경찰이 군중의 음주 요소를 과대평가했다고 결론지었습니다. 하지만 보고서의 결론에도 불구하고 힐즈버러 참사는 1991년 '사고에 의한 죽음death by accident'으로 결론 내려지며 책임지는 사람 없이 사태가 묻히는 듯했지요. 힐즈버러 참사는 그냥 그렇게 여러 사고 중 하나로, 그것도 희생자에게 귀책사유가 있는 사고로, 단지 사망자가 많은 사고쯤으로 마무리되는 것처럼 보였습니다.

여러분이 참사의 유가족이라면, 축구를 보러 갔다가 목숨을 잃은 내 가족에게 술 취한 채 입장권도 없이 경기장에 들어가려고 몰려든 훌리건이라는 낙인까지 더해 자업자득이라는 말까지 들어야 한다면, 수긍할 수 없겠지요. 힐즈버러 유가족들은 이러한 반격의 흐름을 도저히 받아들일 수 없었습니다.

유가족들과 그들 편에 선 사람들은 1989년 힐즈버러 유족 후원 협회HFSG를 결성해 '힐즈버러 사망자 96명을 위한 정의'의 캠페인을 이어 갔습니다. 참사가 일어난 지 20년이 지나도록 훌리건 낙인은 여전했고, 아무것도 바뀌지 않는 것처럼 보였습니다.

2009년 4월, 당시 문화 언론 체육부 장관인 앤디 버넘은 리버풀 구장에서 매년 열리던 힐즈버러 참사 사망자 추모식에 참석해 애도사를 할 예정이었습니다. 그가 말을 시작한 지 얼마 되지 않아 참석자 중 누군가 외롭게 '정의!'라고 외치는 소리가 들렸습니다. 그는 연설을 이어 가지 못했습니다. 후에 버넘은 자신의 연설이 '정의!'라는 외침으로 중단된 순간을 "마치 댐이 터지는 듯한 순간이었다."라고 회고했습니다. 그리고 그 외침은 자신에게 "어떻게 도시 전체가 20년 동안 불의를 외쳤는데 아무도 듣지 않을 수 있을까?"라고 되묻게 했다고 합니다. 버넘의 연설은 몇 번이나 중단되었습니다. 그날 참석한 2만 8,000명의 참석자는 한목소리로 '96명을 위한 정의Justice for the 96'라고 소리쳤고, 버넘은 그들의 외침에 응답해야겠다고 결심했지요.

버넘의 노력으로 고든 브라운 내각에서 힐즈버러 독립조사위원회Hillsborough Independent Panel가 구성됩니다. 참사는 처음부터, 원점에서 다시 조사하기로 했습니다. 독립조사위원회는 새로운 조사 방식을 채택했습니다. 지금까지 쌓인 모든 자료를 웹사이트에 올렸고, 그 자료가 놓친 힐즈버러의 진실을 알고 있는 사람은 제보해 달라고 요청했습니다. 대중 조사 방식은 성공적이었습니다. 엄청난 양의 제보가 쏟아졌고, 경찰 보고서가 조작되었을 수도 있다는 의심을 품기에 충분한 정황 자료도 나왔습니다. 경찰 조사에서 회유와 강요에 못 이겨 위증했던 사실을 숨기고 침묵하던 이들 중에서 진실을 털어놓는 사람이 생겼습니다.

2년 9개월에 걸친 재조사를 마치고 2012년 9월 최종 보고서가 발표되었습니다. 최종 보고서에 따르면 현장 초급 경관 164명이 작성한 현장 사고 보고서 중 116군데가 고위 경찰에 의해 수정되었고, 만취한 폭도에 의한 사고로 몰아가기 위해 어린아이를 포함한 모든 시신을 대상으로 알코올 검사를 했으며, 경찰 기록과 전과 기록까지 조사했다는 사실을 밝혀냈습니다. 경찰은 문제 있는 축구 팬 때문에 초래된 우발적 사고임을 증명할 증거를 찾아내려 했던 것이지요. 알코올 수치 검사 결과 만취한 희생자는 단 한 명도 없었으나 이 사실은 은폐되었습니다. 응급 구조대의 초기 대응에도 문제가 있었음이 밝혀졌습니다. 조사위는 응급 구조대의 대응이 신속히 이뤄졌다면 사망한 96명 중 최대 41명은 살았을 것이라고 결론지었습니다. 보고서가 발표되자 당시의 영국 총리 데이비드 캐머런은 "참사의 원인은 리버풀 팬들이 아니었다."라며 사과했습니다.

독립조사위원회 보고서 발

표 이후 고등 법원은 원심을 파기하고 새로운 심리를 열 것을 명령했고, 2014년 3월 31일에 열린 새로운 심리에서 배심원단은 원심 판결을 뒤집고 96명의 피해자 전원이 경찰의 과실로 인해 사망했다는 평결을 내렸습니다. 27년 만에 힐즈버러 참사의 진실은 훌리건 난동에 의한 우발적 사고가 아니라 경찰의 잘못에 의한 국가의 책임이라고 밝혀진 것이지요. 이 모든 일은 힐즈버러 유가족과 리버풀 축구 팬이 재난 후 반격에 굴복하지 않았기 때문에 가능했습니다. 반격은 재난의 진실을 감추지만, 기억은 간절하며 힘이 셉니다. 우리가 재난을 되풀이하지 않을 수 있는 마지막 희망의 빛은 기억에 있습니다. 이 기억은 누구의 몫일까요?

5장

기억은 우리 모두가 책임지겠다는 약속입니다

그들은 숫자가 아닙니다, 사람입니다

재난이 일어난 직후 현장 주변엔 사람이 들끓습니다. 기적의 생존자는 환영의 박수를 받고, 사랑하는 사람을 떠나보낸 사람에겐 동정의 손길이 닿습니다. 시간이 지납니다. 반격이 시작되었을 때 재난의 현장에는 생존자와 유가족만 남겨집니다. 그들뿐입니다.

그들만 남았을 때 반격은 더 강해집니다. 노골적인 반격을 그들만이 감당해야 합니다. 사건이 벌어졌던 그날 마치 땅이 갈라져 아래로 꺼지는 듯한 대지진의 충격을 받았던 사람에게, 반격이라는 여진이 끊이지 않습니다. 그 여진은 길고도 끈질기게 이어집니다. 한때 모두의 일이라고 여기며 그들과 함께했던 사람들은 그 여진을 느끼지 못하지만, 남겨진 이들에게 길고 끈질긴 여진의 고통은 본진보다 더 깊은 상처를 줍니다.

힐즈버러에서 신체적인 부상을 입지 않았더라도, 그 참사를 목격한 관중 상당수는 외상 후 스트레스 장애를 앓았습니다. 부상 생존자 중 이를 이기지 못하고 세 명이나 자살했고, 정신병원에 입원하거나 약물 중독과 이혼 등 가족 내에서 후유증을 겪는 사람도 적지 않았지요. 목격자 중에 비슷한 증상을 겪는 사례도 있었습니다. 타인들은 느끼지 못하는 재난의 여진이 쉽게 사라지지 않았기 때문이지요.

2021년 힐즈버러 참사의 희생자는 한 명 더 늘어났습니다. 참사 당시 22세였던 부상자 앤드루 디바인Andrew Devine이 식물인간 상태로 32년간 투병한 끝에 2021년 55세 나이로 사망했기 때문입니다. 이로써 힐즈버러 참사의 희생자는 97명이 되었습니다. '96명을 기억하며'라는 문구가 새겨져 있던 힐즈버러 추모비는 다시 만들어졌습니다. 다시 만든 기념비에는 이제 96명이 아닌, '97명을 기억하며'라고 쓰여 있습니다.

2023년 이태원 참사로 158명의 사람이 세상을 떠났습니다. 참사 현장에 있다가 살아남았던 한 고등학생이 있습니다. 그날 그는 친구들과 함께 이태원에 갔는데, 같이 간 친구 두 명은 희생자가 되었습니다. 친구를 잃은 슬픔, 자기만 살아남았다는 감정, 게다가 이태원 참사 희생자에게 가해진 차마 입에 담을 수 없는 공격적 반격은 고등학생 홀로 감당하기에는 쉽지 않았겠지요. 그 고등학생은 2022년 12월 12일 스스로

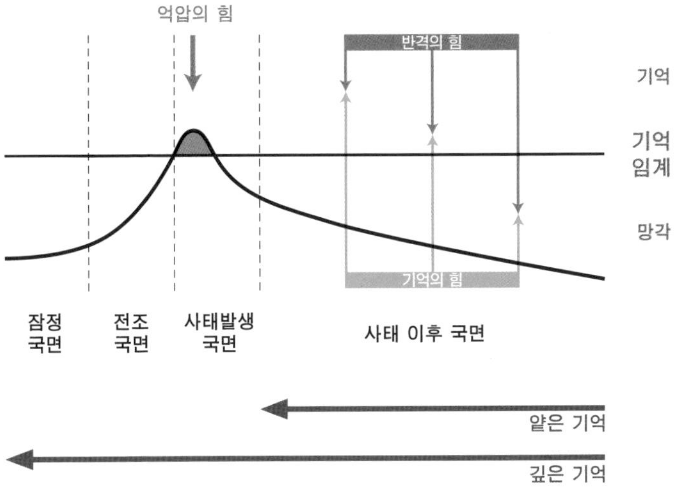

재난과 기억

목숨을 끊었습니다. 이태원 참사 사망자 숫자가 158명에서 159명으로 바뀌게 된 사정엔 여진처럼 길고 잔인하게 이어진 2차 재난이 숨어 있습니다.

애도는 희생자를 향하지만, 기억은 희생자가 아니라 책임지지 않는 행위자, 기억을 방해하는 행위자를 향합니다

재난 피해자가 재난에서 생존했음에도 스스로 목숨을 끊을 정도로 고통을 받고 있다면, 재난에 결정적인 귀책사유가 있는 사람은 재난 이후의 시간을 어떻게 보냈을까요? 그들은 우선 재판에 회부됩니다.

홀로코스트의 주범은 나치 패망 이후 뉘른베르크 군사 재판에 넘겨졌지요. 히틀러와 괴벨스는 체포되기 전에 스스로 목숨을 끊었기 때문에 아예 법정에 세워 죄를 추궁할 기회조차 없었습니다. 나치 돌격대 대장 헤르만 괴링을 비롯한 상당수의 나치 전범은 뉘른베르크 재판에서 범죄 사실에 대한 심리를 거쳐 사형 선고를 받았습니다. 전범을 사형에 처했으니 홀로코스트라는 재난은 깨끗하게 아무 흠결도 없이 청산되었다고 말할 수 있을까요?

세월호 참사 재판에 내려진 선고를 살펴보겠습니다. 세월호 선장 이준석은 무기 징역, 선주인 청해진해운 대표 이사 김한식은 징역 7년, 1등 항해사는 징역 12년, 2등 항해사는 징역 7년, 3등 항해사는 징역 5년, 조타수는 징역 5년, 기관장은 징역 10년을 선고받았습니다. 해양 경찰 지휘부에 대한 대법원 판결은 업무상 과실 치사와 과실 치상에 대해 당시 해양경찰청장과 서해지방해경청장, 목포해양경찰서장 등 피고인 전원에 무죄, 목포경찰서장은 허위 공문서 작성 및 행사죄와 직권남용권리행사방해죄 그리고 목포경찰서 상황 담당관은 직권남용권리행사방해죄가 유죄로 인정되었습니다. 위법 사유에 대한 관련자의 법정 처벌이 이뤄졌으니, 세월호 참사는 지나간 역사가 된 것으로 봐야 할까요?

체르노빌 참사의 죄를 심판하는 재판에서 체르노빌 발전소장과 수석 기술자 그리고 차석 기술자는 징역 10년을 선고받았습니다. 이 세 명을 처벌했으니 우리는 체르노빌을 잊어도 될까요? 그런데 재난을 초래하는 데 결정적 역할을 한 행위자에 대한 처벌을 재난의 참상과 비교해 보면 불균형함이 느껴지지 않나요? 법적 처벌의 한계 때문에 그럴 것입니다. 재난 이후 관련자에 대한 법적 처벌은 사태 국면에 국한됩니다. 재난의 모든 잠정 국면에서 실수를 했거나 방심했던 사람 전부에게 책임을 돌릴 수는 없으니까요.

파국 이후 재난을 처리할 때 재난 관련자에 대해 형사적 처벌을 하지만, 그 사회적 처리를 수면 위로 떠오른 재난이라는 빙산의 일각에만 초점을 맞추는 경우가 대부분입니다. 재난을 되풀이하지 않으려면 사태 발생 국면에서의 잘못만 따지지 않고 잠정 국면과 전조 국면으로까지 조사 대상을 확대해야 합니다. 조사 대상을 확대하면 시스템 자체가 잘못되었을 가능성이 드러날 수 있지요.

재난을 되풀이하지 않도록 철저한 진상 규명을 하겠다는 집합적 의지가 재난 이후의 향방을 결정합니다. 적당한 선에서 재난을 수습하고 재난의 근원 그 자체까지 들여다볼 용기가 없는 사회는 법적인 귀책사유에 책임을 묻는 데 그칩니다. 장관이나 경찰서장처럼 책임져야 마땅한 위치에 있는 사람도 그 사회가 재난을 봉합하기에 급급하다면 직접적 귀책사유가 없다는 이유로 법적인 처벌을 면합니다. 일단 처벌받는 듯하다가도 이후에 반격이 강해지는 흐름을 타면 스리슬쩍 유죄 판결을 뒤집는 경우도 생기지요. 그러므로 재판이 시작되었다고 해서 우리가 더 이상 관심을 갖지 않아도 되는 것은 아닙니다. 재판 과정에 생존자와 유가족만 남겨 두고 관심을 거두면 재난은 더 길고 깊은 여진을 그들에게 남깁니다.

죄와 벌 그리고 처벌과 범죄, 사회적 기억술은 형사 처벌의 범위를 넘어섭니다

2020년 전두환 재판으로 다시 눈을 돌려 보지요. 전두환은 자신의 회고록 때문에 사자명예훼손으로 기소되었고 재판은 광주에서 열렸습니다. 그는 이미 1996년 12·12 군사 반란과 5·18 광주 민주화 운동 유혈 진압을 주도한 반란 수괴죄 등으로 무기 징역을 선고받았고, 1997년 판결이 확정되었지만 1997년 특별 사면을 받았지요. 구속 수사가 시작되었던 때부터 약 2년 정도 수감되었을 뿐입니다. 5·18 광주 학살과 관련된 전두환의 법적 처벌은 종료되었습니다. 그 후 2020년 11월 광주지방법원이 피고인 전두환에게 내린 판결 선언문은, 형사 처벌로 가능한 것과 형사 처벌로 환원할 수 없는 사회적 책임 사이의 간극에 대해 많은 생각거리를 던져 줍니다. 판결 선언문의 일부를 읽어 보겠습니다.

뉘른베르크 군사 재판에 회부된 독일 피고인들. 앞줄 왼쪽 끝이 괴링.

피고인은 5·18 민주화 운동 기간 동안의 헬기 사격 여부가 중요한 쟁점임을 인식하고도 유죄 판결이 확정된 범죄 사실을 모두 부인함으로써 특별 사면의 취지를 무색하게 하였고, 자신에 대한 정당성을 확보하기 위하여 피해자에 대한 허위 사실을 담은 이 사건 회고록을 집필, 출간하였다는 점에서 그 비난 가능성이 매우 크며, 과거 대통령을 역임한 사람으로서 5·18 민주화 운동이라는 아픈 현대사에 대하여 가장 큰 책임을 지고 있는 피고인에 대하여 실망감을 지울 수 없다. 더욱이 피고인은 지금까지도 이 사건 공소 사실을 부인하면서 이 사건에 대한 성찰이나 단 한 마디의 사과도 없었고, 피해자의 유족인 고소인으로부터 용서받지도 못하였다. 이러한 사정을 고려하여 피고인에게 징역형을 선고

전두환과 노태우의 재판 회부를 요구하는 재야 단체의 가두 행진.

한다. 그러나 피고인에 대한 사회적·역사적 비판의 영역과 형사 처벌의 영역은 반드시 일치하지 않는다. 이 법원은 유죄로 인정되는 범죄 사실에 한정하여 형을 양정할 의무가 있을 뿐이고, 이를 넘어서 형을 양정하는 것은 법원이 주권자인 국민으로부터 위임받은 권한을 넘어 사회적·역사적 평가까지 담당하게 되는 것이므로 허용되어서는 안 된다.*

광주지방법원에 전두환이 출석했을 때 법정 주변에는 5·18 피해자들이 포함된 시위대가 모여 있었습니다. 시위대

---

* 광주지방법원 2018고단1685 사자명예훼손 형사 판결문, 2020.11.30.

는 전두환에게 책임을 물었습니다. 재판부도 이 점을 잘 알고 있었지요. 하지만 재판부는 "유죄로 인정되는 범죄 사실에 한정하여 형을 양정할 의무"가 있을 뿐이기에 5·18 민주화 운동 사상자들에 대한 "책임을 부인하고", "이 사건에 대한 성찰이나 단 한 마디의 사과도 없었고, 피해자의 유족인 고소인으로부터 용서받지도 못"한 것은 분명하나 법은 전두환에게 형사상의 범죄에 관해서만 처벌을 내릴 수 있을 뿐이라고 선을 긋습니다.

전두환에 대한 법적 처벌은 완전히 종료되었습니다. 그는 2021년 한마디 사과도 없이 끝까지 무책임하게 살다가 세상을 떠났지만, 사망했기 때문에 향후 결정적 증거가 발견되어도 법적 처벌 대상이 될 수는 없습니다. 그러나 히틀러가 사망했다고 그에게 홀로코스트의 책임을 묻기를 그만두지 않는 것처럼 전두환의 법적 처벌이 종료되었다 하더라도 책임을 따져 묻는 데에는 공소 시효가 있을 수 없습니다. 세월호 재판에서도 위법 사실이 있는 자에 대한 형벌이 이미 부과되었습니다. 그러나 세월호 참사를 가능하게 했던 국가의 책임 방기, 이윤만을 따져 안전을 도외시한 채 선박 운항과 관련된 각종 규제를 느슨하게 만든 일 등등에 대한 책임 묻기와 책임지기의 문제는 여전히 남아 있습니다. 그렇기에 여전히 세월호를 잊지 않고 세월호 참사에 대한 국가의 책임을 묻는 사람, 철저하고 성역 없는 진상 조사를 요구하는 사람이 있어야

합니다.

법원의 처벌은 그들이 저지른 죄의 무게에 따라 더하지도 덜하지도 않게 내려져야 마땅합니다. 하지만 우리가 지금까지 살펴본 것처럼 재난은 법정에서 따질 수 없는 사회적 맥락 속 '정의롭지 않음[injustice]'이 만들어 낸 파국입니다. 그러나 재난을 품은 정의롭지 않음을 법정에서는 심판하지 못합니다. '정의롭지 않음'이 심판되지 않는 이상 재난은 되풀이될 수밖에 없지요.

법적 처벌이 내려졌다고 해서 재난을 과거의 일로 간주할 수는 없습니다. 법적 처벌로는 환원될 수 없는 사회적 책임이라는 과제가 여전히 남아 있기 때문입니다 사회적 책임은 누구의 몫일까요? 고통은 재난 생존자와 희생자 가족의 몫일 뿐 재난에 직접적으로 연루되어 있지 않은 우리는 법적 처벌이 결정되면 그것으로 충분하다고 여기며 재난의 참상을 가

뿐히 잊어도 될까요?

'양심'을 다시 생각해 봅니다. '양심'은 단순히 선한 마음이 아닙니다. '양심'은 무엇을 하지 않았기에 생겨난 불행한 사태에 대한 책임을 환기하는 마음입니다. 우리가 적극적으로 재난을 기억하지 않았기 때문에 유사한 재난이 되풀이 된다면 재난의 직접적 원인 제공자는 아니라 하더라도 이는 '양심'에 어긋납니다. '양심'은 망각을 강요하고 있는 반격 국면을 우리가 더욱 강한 기억의 힘으로 이겨내고, 얕은 기억이 아니라 깊은 기억에 도달해 재난의 발생 메커니즘이 다시는 작동하지 않도록 행위하지 않았기에 재난 이후에 또 유사한 재난이 이어졌다고 질책하며 우리에게 책임을 묻습니다.

'양심'이 기억하려는 개인만의 것이 아니라 사회의 것이 될 때 그 사회는 법적 책임을 넘어, 우리 모두가 함께 감당해야 할 사회적 책임을 요청합니다. 인간은 홀로 존재하지 못하고 타인과 함께 사회를 구성해야 생존할 수 있는 '공통 존재'입니다. '사회적 책임지기'는 재난의 직접적 희생자, 생존자 그리고 유가족을 비롯한 동시대 사람을 위한 것이면서 동시에 '나'를 위한 일입니다. 재난이 불러온 끔찍한 과거를 잊고 반격의 힘을 그대로 내버려 둔다면, 참사를 만들어 냈던 메커니즘은 계속 작동할 것입니다. 메커니즘이 중단되지 않으면 미래의 누군가는 그에 의한 희생자가 됩니다. 우리는 언제까지 참사의 메커니즘에서 벗어난 예외적 존재일 수 있을까요?

재난을 배태하는 '정의롭지 않은' 사회적 조건으로부터 완벽하게 자유로운 사람은 없습니다. 재난의 메커니즘이 존속하는 한, 누구나 재난의 피해를 입을 수 있다는 공통의 위기감은 사회적 책임이 우리 모두의 과제임을 깨닫도록 이끌지요.

사회적 책임은 법적 책임보다 더 끈질깁니다. 또한 더 멀리 그리고 깊이 재난을 들여다봅니다. 법적 책임은 이미 벌어진 과거의 행위만을 따지지만, 사회적 책임은 재난의 메커니즘이 소멸된 미래를 향하며 끈질기게 나가려는 힘입니다. 제주의 4·3에 관해, 노근리 양민 학살에 관해, 광주의 5·18에 관해 법정은 공소 시효를 언급할 수 있지만 사회적 책임에는 공소 시효가 있을 수 없는 것도 그 때문입니다. 아직 사회적 책임이 도달한 그 미래가 오지 않았으니까요.

'힐즈버러 사망자 96명을 위한 정의'의 캠페인은 사회적 책임을 따져 물었습니다. 그들이 원한 것은 경찰관에 대한 더 가혹한 형사 처벌이 아니었지요. 유가족은 참사 책임을 영국 사회에 물었습니다. 참사를 배태한 잠정 국면으로까지 참사의 기억을 확대했지요. 그랬기에 해당 책임자의 죄를 묻는 것을 넘어 영국 내 모든 축구장의 안전을 문제 삼을 수 있었습니다. 영국의 상위 2개 리그 경기장 관중석 전체가 입석이 아닌 좌석으로 바꾸었고, 관중석과 경기장을 막는 철책도 없앴습니다. 힐즈버러 이후 유사한 참사가 더 이상 되풀이되지 않기를 깊이 바랐으니까요.

모두의 미래를 위해
재난을 책임져야 합니다

핵물리학자들에게 히로시마 원자 폭탄으로 일어난 참사에 대한 직접적인 책임은 없습니다. 원자력 발전소 재난은 핵물리학자들이 만든 것도 아니지요. 하지만 핵이 인류에겐 독이 될 수도 약이 될 수도 있다는 가능성이 일련의 재난을 통해 입증된 이상, 핵물리학자들의 양심은 침묵을 허락하지 않았습니다. 아인슈타인은 "내가 만약 히로시마와 나가사키의 일을 예견했다면, 1905년에 쓴 공식을 찢어 버렸을 것이다."라고 말했습니다. 원폭 투하와 직접적인 연관은 없는 인물이나, 미래의 인류가 겪을 핵무기 위험에 대한 책임을 느껴 한 말이지요. 아인슈타인은 철학자 버트런드 러셀과 함께 발표한 핵 반대 선언에서 이렇게 말했습니다.

우리가 어떤 선택을 하느냐에 따라, 행복과 지식과 지혜가 지속적으로 진보하느냐 퇴보하느냐가 결정된다. 과연 우리는 싸움을 그만둘 수 없다고 해서 그 대신에 죽음을 선택해야 하는가? 우리는 인류 구성원으로서 인류에게 다음과 같이 호소한다. 여러분의 인간다움을 상기하라. 그런 다음에 나머지는 모두 잊어버려라. 만약 그렇게 할 수 있다면, 새로운 낙원으로 향하는 전망이 열릴 것이다. 만약 그렇게 할 수 없다면, 인류 전체가 멸종당할 위험이 여러분 앞에 다가오게 될 것이다.*

잊지 않겠다는 약속의 책임을 기꺼이 떠맡고 우리가 속한 사회에 책임 묻기를 중단하지 않겠다는 다짐은 인간다움의 지극히 합당한 표현입니다. 책임은 법의 몫이 아니라 우리의 몫이며, 사회의 의무입니다.

뉴욕은 화려한 도시입니다. 타임스스퀘어의 번쩍이는 전광판, 뮤지컬 공연장이 늘어선 브로드웨이, 전 세계 금융 시장의 핵심인 월 스트리트에 이르는 도시 풍경은 마치 뉴욕이 가능한 세계 중 가장 멋지고 부유한 세계임을 보여 주는 것만 같습니다. 이 도시엔 어둠이 없는 것처럼 보이지요.

그러나 21세기의 세계 수도라 불러도 손색없는 뉴욕도 어두운 역사를 가지고 있습니다. 2001년 9월 11일 알 카에다

---

* 러셀-아인슈타인 선언(The Russell-Einstein Manifesto), 1955.7.9.

체르노빌 박물관에 전시된 희생자들을 기념하는 예술품.

의 테러로 붕괴된 세계무역센터가 있던 자리에는 그 재난을 기억하기 위해 9·11 추모관이 세워졌습니다. 이렇듯 물질적 공간을 통해서가 아닌 제도와 법을 통해 기억하는 재난도 있습니다. 1911년 맨해튼 그리니치빌리지 인근의 트라이앵글 셔츠웨이스트Triangle Shirtwaist 공장 화재가 그것입니다.

공장은 워싱턴 스퀘어 공원 동쪽의 그린 스트리트와 워싱턴 플레이스의 북서쪽 모퉁이에 자리한 빌딩의 8층과 9층, 10층에 있었습니다. 이 공장 화재로 의류 노동자 146명(여성 123명, 남성 23명)이 사망했습니다. 피해자 대부분은 이탈리아에서 이민 온 14세에서 23세 사이의 여성이었지요. 이토록 많

구의역 참사로 숨진 김 군의 영결식이 치러지던 날 시민들이
검은 리본과 추모 메시지를 붙이는 모습.

은 피해자가 발생한 것은 화재 당시 계단 통로로 이어지는 비상문이 잠겨 있어 대피할 수 없었기 때문입니다. 그들은 유독 가스를 피하기 위해 불타는 건물에서 뛰어내릴 수밖에 없었습니다. 가장 큰 사망 원인은 유독 가스에 의한 질식사와 추락사였습니다.

왜 문이 잠겨 있었을까요? 비상구는 비상시 탈출을 위해 설치된 문인데, 왜 화재라는 비상 상황에 잠겨 있었을까요? 문이 저절로 잠길 리는 없으니, 분명 누군가 그 문을 잠갔을 것입니다. 나중에 밝혀진 바에 따르면 어이없게도 노동자가 휴식을 취하지 못하게 막고 도난을 방지한다는 명목으로 잠겨 있었다고 합니다. 당시 트라이앵글 셔츠웨이스트 공장뿐만 아니라 대부분의 공장에서 관행적으로 그러했다고 하지요. 문만 열려 있었어도 그렇게 많은 사람이 죽지는 않았을 것입니다. 대부분의 재난에서 발견되는 후회, 즉 "~할 수 있었다."는 안타까움은 트라이앵글 셔츠웨이스트 공장 화재에서도 마찬가지였습니다.

이 어처구니없는 재난으로 누가 처벌을 받았을까요? 화재가 발생했을 때 건물 옥상으로 도망쳐 살아남은 회사 소유주 맥스 블랭크Max Blanck와 아이작 해리스Isaac Harris는 1급 및 2급 살인 혐의로 기소되었지만, 변호사가 이들이 비상구 문이 잠겨 있었다는 사실을 몰랐다고 열성적으로 변호한 끝에 두 사람 모두 무죄를 선고받았습니다. 그러나 법원이 묻지 못한 책임을 사회가, 뉴욕 시민들이 물었습니다.

시민안전위원회가 결성되었고, 위원회는 뉴욕주 의회가 화재 예방 등 안전 문제를 해결해야 한다고 주장했습니다. 의회는 이 주장을 받아들여 공장조사위원회를 구성했습니다. 의회로부터 증인 소환과 공장을 직접 방문할 수 있는 권한을 부여받은 공장조사위원회는 59차례의 공청회를 열었습니다. 고용주, 노동자, 노조 전임자, 전문가를 포함하여 472명으로부터 증언을 받았고, 의류 산업뿐만 아니라 다양한 산업 분야의 3,385개 작업장을 조사한 결과를 바탕으로 1912~1913년 새로운 노동법을 만들었습니다. 뉴욕주는 위원회의 64개에

5·18 최후 항쟁지인 옛 전남도청 전시관 내 천장에 매달린 흰 운동화들.

달하는 권고를 참조하여 산업 안전 관련 법안을 제정했고, 현재의 미국안전전문가협회ASSP가 설립되었습니다. 1915년에는 뉴욕주 의회에서 '노동자재해보상법'이 통과되었습니다. 이 법안은 이른바 무과실 책임주의를 채택했습니다. 사회적 위험을 일으킨 고용주는 그로 인해 생기는 손해에 배상 책임을 지며, 이익을 얻는 과정에서 노동자에게 손해를 끼쳤다면 그 이익으로 노동자에게 배상해야 한다는 원칙을 채택한 법안입니다. 무과실 책임주의는 산업재해보상법과 사회보장법의 토대가 되었지요.

2016년 5월, 서울 지하철 2호선 구의역에서 홀로 스크린 도어 수리 작업을 하던 김 군(당시 19세)이 스크린 도어에 끼여 사망했습니다. 충격이 채 아물지도 않았는데 2018년 12월, 태안화력발전소에서 김용균(당시 24세) 씨가 혼자 작업하던 도중 컨베이어 벨트에 끼여 사망하는 사고가 발생했습니다. 2019년 8월, 서울동부지방법원은 업무상 과실 치사 등의 혐의로 기소된 스크린 도어 정비 용역 업체 대표에게 징역 1년에 집행 유예 2년을 선고했습니다. 같은 혐의로 기소된 서울메트로 사장은 1000만 원 벌금형을 받았습니다. 김 군의 죽음에 책임 있는 사람 중에 실형을 받은 사람은 없습니다. 김용균 씨 사고와 관련하여 2023년 2월 한국서부발전 대표 이사와 한국서부발전에 무죄가 선고되었고, 한국발전기술 사장에게 금고 1년에 집행 유예 2년, 태안사업소장에게 징역

1년 2개월에 집행 유예 2년 등이 선고되었습니다. 벌금 700만 원을 선고받은 사람도 있지요.

이들의 죽음을 기억하려면 법원의 처벌만으로는 충분하지 않습니다. 사회적 책임은 미래를 향합니다. 트라이앵글 셔츠웨이스트 참사 이후 뉴욕에서 그랬던 것처럼 비슷한 일이 다시 일어나지 않도록, 일하러 나갔다가 집으로 돌아오지 못하는 산업 재해라는 재난이 되풀이되지 않도록 강력한 예방법의 제정이 필요합니다. 2021년 1월 통과되고 2022년 1월부터 시행된 '중대재해처벌법'은 사회가 책임지는 일의 한 예일 것입니다. 물론 법이 제정되었다고 모든 일이 끝난 것은 아닙니다. 재난이 잊힐 무렵이면 언제나 그랬듯 반격의 시간이 다가올 수 있고, 반격은 제정된 법을 다시 무용지물로 만들 수 있기 때문입니다. 지금도 중대재해처벌법을 유예하거나 개정하라는 기업들의 요구가 끊이지 않고 있지요.

하나의 법이 제정되었다고 김 군과 김용균을 우리가 잊어도 될까요? 그들을 죽음으로 몰고 갔던 배경 원인인 '위험의 외주화' 즉, 적은 비용으로 소규모 업체에 작업을 외주로 맡겨 작업장의 안전을 지키지 못하게 만드는 관행을 바꾸어야 합니다. 그러기 위해서 우리는 하도급이라는 고용 형태에 숨어 있는 위험에 대한 책임 묻기가 다 끝나기 전까지 이 모든 일을 쉽게 잊어서는 안 되지요. 2인 1조로 작업을 해야 한다는 원칙에도 불구하고 홀로 스크린 도어 보수 작업에 내몰렸던 열아홉 살의 김 군이 사망한 날, 서울메트로는 트위터에 다음과 같은 내용을 포스팅했습니다.

> 금일(5.28) 17:57경 2호선 구의역(내선 교대 방향) 승강장에서 발생한 사상사고는 119출동하여 조치를 완료하고 18:23분경 열차 운행을 재개하였습니다. 열차 이용에 불편을 드려 죄송합니다.*

김 군의 죽음은 '죄송한' 죽음이 아닙니다. 누군가의 희생이 스민 지하철 스크린 도어로 각자의 안전을 보장받았던 우리는 "열차 이용에 불편을 드려 죄송합니다."라는 사과를 받을 주체가 아닙니다. 이 '불편'은 안전 규정만 제대로 지켜졌어도 구의역과 태안화력발전소 재난은 없었을 것이라는 양심의 불편이 되어야 하고, 그런 상황에 내몰리는 사람을 방기했던 사회의 불편이 되어야 합니다.

---

* @seoul_metro, 트위터(현 X), 2016.5.28.

기념관은 당사자가 아니라 사회가 희생자를 잊지 않기 위한 노력입니다

1911년 뉴욕 트라이앵글 셔츠웨이스트 공장의 화재로부터 100여 년이 훨씬 더 지난 지금, 우리는 그 사건을 어떻게 이렇게 세세히 알 수 있을까요? 시민안전위원회의 보고서 덕분입니다. 재난이 기록되면 시간과 공간의 한계를 뛰어넘어 기억될 수 있습니다.

세월호 참사로 아들을 잃은 당시 단원고 2학년 4반 김건우 학생의 어머니 노선자 씨는 세월호 참사를 생생하게 기억합니다. 수학여행을 떠났다가 돌아오지 못한 아들을 어찌 잊을 수 있을까요. 노선자 씨는 '앞으로 오래오래 살아서 건우를 기억해 주겠다. 시간이 지나면 잊는 사람들도 많아질 거고 벌써 잊은 사람도 있을 텐데 나는 오래 버텨야 되겠다'* 라고 다짐합니다.

노선자씨와 마찬가지로, 출근했다가 다시는 돌아오지 못한 구의역의 김 군과 태안화력발전소의 김용균 씨를 가족들은 이 세상 끝까지 기억할 것입니다. 유가족의 몸에 새겨진 통증과 선명한 기억은 망각되어서는 안 됩니다. 그 기억은 동시대인에게, 또한 미래의 우리에게 전달되어야 합니다. 잊으라는 반격의 힘에 유가족만의 기억으로 맞서라고 내버려둘 수 없습니다. 그 아픈 기억이 기억을 학습하고, 기억이 잊히지 않고 전달되어 재난의 기억은 참사가 더 이상 되풀이되지 말아야 한다는 집단 각성으로 전환되어야 합니다.

군 위안부 피해자들의 증언이 담긴 『강제로 끌려간 조선인 군위안부들』, 아우슈비츠에서 살아남은 수감 번호 174517 프리모 레비의 『이것이 인간인가』, 마찬가지로 아우슈비츠 생환자인 수감 번호 A-7713 엘리 위젤의 『나이트』, 체르노빌을 겪은 사람들의 증언을 채집해 우리에게 전달한 스바틀라나 알렉시예비치의 『체르노빌의 목소리』와 전쟁에 대한 생생한 기억을 담은 『전쟁은 여자의 얼굴을 하지 않는다』, 소비에트 강제 수용소에 갇혔던 257명을 대신하여 그 기억을 전하는 알렉산드르 솔제니친의 『수용소 군도』, 1929년에 태어나 나치의 탄압을 피해 은신처에서 지내며 2년 동안의 삶을 일기장에 남기고 열여섯 살 되던 1945년 3월 유대인 강제 수용

* 416 세월호 참사 시민기록위원회 작가기록단, 『금요일엔 돌아오렴』, 창비, 2015년, 42쪽

소에서 사망한 안네 프랑크의 『안네의 일기』가 없었다면, 그들이 기록한 고통의 기억이 있던 그 시간과 공간으로부터 한참 후의 우리가 어떻게 앞으로 나아갈 수 있을까요? 과거의 재난을 되풀이하지 않기 위해서는 무엇을 해야 하는지 우리는 그들의 기록을 바탕으로 생각해 볼 수 있습니다.

솔제니친은 『수용소 군도』에서 우리에게 수갑을 채우던 바로 그 손들이 '그래선 안 돼! 과거를 들추면 안 돼! 과거를 기억하는 자는 한쪽 눈이 빠져 버린다는 속담이 있다!'* 라는 말로 우리를 제지한다고 말합니다. 하지만 이 속담은 '과거를 잊는 자는 양쪽 눈을 다 잃는다'로 끝을 맺습니다.

안네 프랑크는 살아남지 못했습니다. 안네의 아버지이자 생존자인 오토 프랑크는 자기 가족을 독일군에 밀고한 사람을 찾아내는 일에 신경 쓰지 않았다고 합니다. 그는 안네 프랑크의 목소리를 과거에 머물지 않고, 과거의 목소리를 기억함으로써 새로운 미래를 세워 나가라는 뜻으로 여겼던 것이지요.

새로운 미래는 매끄러운 백지 위에 그려지지 않습니다. 새로운 미래는 과거의 참사가 생생하게 기록된 바탕 위에서만 그려질 수 있습니다. 다시 말해, 과거의 참사에 대한 철저한 진상 규명이 있어야 더욱 선명한 미래가 그려질 수 있습니

* 알렉산드로 솔제니친, 김학수 옮김, 『수용소 군도』 1권, 열린책들, 2020년, 10~11쪽

다. 2011년 5월 영국 맨체스터에서 열린 제10차 세계기록유산 국제자문위원회IAC, International Advisory Committee 회의는 5·18 민주화운동 기록물의 세계기록유산 등재를 최종 발표했습니다. 학살을 자행한 군과 중앙 정부 등 국가 기관의 자료와 군 사법기관의 수사·재판 기록, 김대중 내란 음모 사건 기록, 시민 성명서, 병원 치료 기록, 국회 청문회 회의록, 피해자 보상 자료, 미국 비밀 해제 문서 등 4,271권(85만 8,900여 쪽)의 기록 문서철과 필름 2,017개를 포함하는 방대한 자료입니다. 이 기록물을 체계적으로 보존하기 위해 2015년 5월 5·18민주화운동기록관이 설립되었습니다.

기록되지 않은 참사는 더 많이 기록되어야 합니다. 『김용

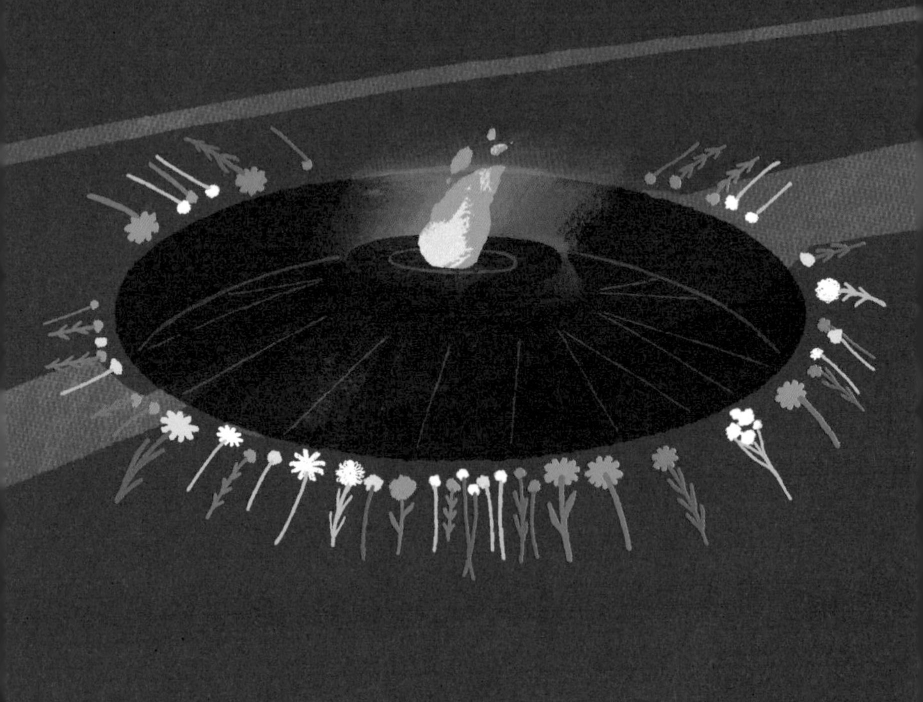

균, 김용균들』에는 김용균 씨의 주검을 발견한 후 산재 트라우마와 함께 삶을 살아 내는 또 다른 생존자이자 피해자인 하청 업체 동료 이인구 씨의 이야기, 김용균 씨의 어머니이자 산재 피해자 유가족으로, 또 노동 활동가로 살아가고 있는 김미숙 씨의 이야기, 김용균 사건이 자신의 싸움이 된 발전소 비정규직 노조 활동가 이태성 씨의 이야기가 담겼습니다. 『내 몸이 증거다』에는 가습기 살균제로 피해를 입었거나 손상으로 인해 건강상 어려움을 겪고 있는 스물다섯 가족, 63명의 이야기가 기록되어 있습니다. 모든 기억은 책을 통해, 또 기념관이라는 제도적 형식을 통해 빈틈만 생기면 밀고 들어오는 반격의 힘으로부터 보존되어야 합니다. 그리하여 후대를 위한 집단 기억으로 전환되어야 합니다. 그 작은 목소리들이 모여 결코 무시할 수 없는 미래를 향한 큰 목소리가 되기를 바라면서 김 군을 추모하는 포스트잇 중 하나를 여기에 옮겨 봅니다.

> 당신은 어떤 사람이었을까요. 나와 다르지 않은, 일자리를 걱정하는 청년이었으리라 생각합니다. 여전히 일터에서 사람이 죽습니다. 3년이 흘렀지만 무엇이 달라졌나요? 당신을 기억합니다.*

---

* 구의역 9-4 승강장 김 군 사망 3주기 추모 포스트잇, 서울교통공사 노동조합 보관, 2019.5.28.

수학여행을 떠난 아이들이 끝내 도착하지 못한 제주도엔 4·3 평화공원이 있습니다. 수학여행, 무언가를 배우기 위해 떠나는 여행이지요. 앞으로의 여행에서 우리는 금요일에 돌아오지 못한 아이들의 목소리를 들을 수 있습니다. 캄보디아 학살 박물관 투올 슬렝Tuol Sleng, 아르메니아 대학살 박물관, 체르노빌 박물관, 홀로코스트 기념관, 힐즈버러 추모비, 아우슈비츠 수용소, 제주 4·3 평화공원, 5·18 민주 묘지, 민주인권기념관, 일본군 위안부 기억의 터, 전태일 기념관, 노근리 평화공원 등 이 세상의 모든 기념물(관)은 한목소리로 말합니다. “내일은 오늘의 재난이 되풀이되지 말아야 합니다.”라고.

6장 우리 모두는 재난에 연루되어 있습니다

그 공장엔 안전은 모두의 일이라고 적혀 있었습니다. 하지만……

미디어는 전 세계 곳곳에서 벌어지고 있는 재난을 보도합니다. 그러나 재난 상황에 놓인 사람은 그 보도 사진을 볼 수 없습니다. 생과 사의 갈림길에 있는 사람은 그럴 겨를이 없지요. 재난 보도 사진은 재난 현장 외부에 있는 사람만이 접할 수 있고, 그들에게 재난의 심각성을 알려 줄 뿐입니다. 그리고 우리에겐 재난의 참혹한 현장을 담은 사진에 마음이 움직여 재난을 당한 누군지 모를 지구인을 응원하려고 성금을 보낸 경험이 있습니다.

미디어를 통해 외부의 재난을 목격한 이들은 한편으로 자신이 재난의 희생자가 되지 않았음에 안도하게 됩니다. 하지만 성금을 보내는 등 인도주의적 실천을 했다고 해서 인간으로서 해야 할 도의적 책임을 다했다고는 할 수 없습니다. 세상은 연결되어 있기에, 누군가에게 재난을 안긴 대가로 우리가 호사를 누리고 있을 가능성도 배제하지 못하니까요. 어느 집에나 살충제를 비롯한 각종 화학 성분으로 만들어진 생활 용품이 있을 겁니다. 그런 상품의 뒷면을 주의 깊게 보면 제조 회사의 국적과 제조 공장의 위치가 적혀 있는데, 이 둘이 일치하는 경우가 오히려 드물다 할 정도로 기업과 공장이 있는 지역은 다릅니다.

가능한 많은 이윤을 확보할 수 있는 방법을 선택하는 자본의 속성에 따라, 기업은 인건비를 절감하기 위해 평균 임금이 낮은 지역으로 생산 공장을 이전합니다. 환경에 유해한 영향을 끼치는 위험 산업을 까다롭게 규제하는 나라는 주로 개발된 국가입니다. 개발된 국가, 이른바 잘사는 나라는 생산 시설이 안전 설비를 제대로 갖추었는지를 까다롭게 확인하고, 제조 과정에서 유출되는 각종 공해 물질을 거르는 시설을 필수적으로 요구합니다. 노동자와 시민의 건강과 안녕을 위해 필요한 조치이지요. 이러한 규제를 피해, 다국적 기업은 저개발 국가로 공장을 이전합니다. 자국에서의 환경 재난 발생 위험을 가난한 나라로 떠넘겨 버리는 것이지요.

유니언카바이드Union Carbide는 미국 텍사스에 본사를 둔 초국적 화학 기업입니다. 주로 화학 물질과 폴리머를 생산하는데, 미국에서 생산할 경우 지켜야 할 사항이 꽤 많은 상품입니다. 대부분의 다국적 거대 기업처럼 유니언카바이드사도 생산 설비의 해외 이전을 선택했습니다. '보팔'이라는 인도의 도시 이름을 들어 본 적이 있을 것입니다. 뭄바이나 뉴델리 같은 대도시는 아니지만, 보팔이 전 세계적으로 알려지게 된 계기는 어처구니없게도 유니언카바이드의 살충제 공장에서 농약 원료가 대량으로 유출된 환경 재난입니다.

인도 정부는 규제 완화라는 특혜를 약속하며 해외 자본을 적극적으로 유치했고, 유니언카바이드는 1969년 보팔에 공장을 세웠습니다. 보팔시 인구는 75만 명 정도였는데, 당시 인도 법에 따르면 주거지 밀집 지역엔 공장 신설이 허가되지 않았습니다. 하지만 규제 완화에 힘입어 유니언카바이드는 공장이 들어설 수 없는 인구 밀집 지역에 화학 공장을 지을 수 있었지요.

메틸이소시아네이트MIC는 유니언카바이드 공장이 생산하는 살충제 세빈Sevin의 주요 원료로, 세상에서 가장 독성이 강한 화학 물질 중 하나입니다. 그래서 저장 탱크의 적정 온도 및 압력 유지가 필수적입니다. 온도가 올라가면 내부 압력이 증가해 언제든 폭발할 수 있는 물질이기 때문이지요. 이렇게 위험한 물질을 다루는 공장인 까닭에 안전 설비가 완벽하게 구비되어야 하고 안전 수칙이 철저하게 지켜져야 하지만, 유니언카바이드 공장은 어느 것도 제대로 갖추지 않았습니다.

처음부터 부실하게 설계된 공장이었기에 대형 사고 이전에 전조 사고가 끊임없이 이어졌지요. 1981년에 가스 누출로

주거지 한가운데 있던 보팔 공장의 잔해. 참사로부터 25년 뒤의 모습.

1명의 노동자가 사망했고, 1982년에도 가스가 누출되어 24명의 노동자가 피해를 입었으나 이에 대한 조치가 전혀 이루어지지 않았습니다. 심지어 같은 해 9월 회사는 지역 주민을 위

한 위험 경보 시스템을 철거했고, 10월에 다시 가스 누출로 지역 주민 수백 명이 병원에 입원하기도 했지만 이런 사고 후에도 적절한 예방 계획을 수립하지 않았습니다.

보팔 공장 내에 적혀 있는 '안전은 우리 모두의 일입니다.'라는 공허한 문구.

1984년 12월 2일, 일어나지 않을 수도 있었으나 일어나면 파국이 분명할 가스 누출 사고가 발생했습니다. 저장 탱크에 있던 메틸이소시아네이트가 압력을 견디지 못하고 유출되었는데도 조기 경보 체계가 작동하지 않았던 것입니다. 게다가 공장 인근 주민들은 가스 누출 사실을 서너 시간 후에야 알았습니다. 대피할 겨를도 없이 독성 가스가 인구 밀집 지역을 덮쳤습니다. 메틸이소시아네이트 40톤이 유출된 이 사고의 사망자는 누적 2만 5,000명(가스 유출 이후 72시간 내 사망자 8,000명 추산)이며, 유출된 가스에 중독된 사람은 57만 4,000명에 달할 정도로 비극적인 환경 재난이었지요.

보팔 참사 이후 설립된 삼바브나 위탁 병원Sambhavna Trust Clinic

이 지난 9년 동안 수집한 새로운 데이터에 따르면, 30년이 지났음에도 가스에 노출되었던 피해자의 사망률은 평균 대비 28퍼센트나 더 높습니다. 암, 폐 질환, 결핵으로 사망할 확률은 두 배, 신장 질환으로 사망할 확률은 세 배, 이들 질병에 걸릴 확률은 63퍼센트 더 높다고 합니다. 2세대와 3세대 그리고 아직 태어나지 않은 아이들에게까지 미칠 장기적 영향은 여전히 우려스러울 정도입니다. 가스 누출 이후 태어난 어린이 중 상당수가 뇌성 마비, 근이영양증, 자폐증, 지적 장애 및 심각한 학습 장애를 겪고 있습니다.

보팔 공장 벽에는 '안전은 모두의 일이다Safety is everybody's business.'라는 말이 적혀 있다고 합니다. 우리는 우리의 안전을 위해 살충제를 뿌립니다. 우리가 뿌리는 살충제는 그 어디에선가 만들어졌지요. 안전을 위해 뿌리고 있는 살충제가 누군가의 안전을 위협하면서 만들어진다면, 나의 안전만을 생각하면서 계속 무관심해도 괜찮은 것일까요?

우리가 입는 옷은 누군가의 재난 현장에서 만들어졌을 수도 있습니다

의류 브랜드의 본사와 제조 공장의 소재지 역시 일치하는 게 이상하다 싶을 정도입니다. 흔히 제조 공장은 본사로부터 아주 먼, 예상을 뛰어넘는 지역에 있습니다. 자라는 스페인 회사이고, 폴로는 미국 회사이고, H&M은 스웨덴 회사이지만 제조는 주로 인건비가 저렴한 저개발 국가에서 이뤄집니다.

방글라데시는 2023년 기준 1인당 GDP가 약 2,687달러에 불과한, 국제연합 기준으로 후발 개도국으로 분류되는 저발전 국가입니다. 2013년 4월 24일 오전 9시경 방글라데시의 수도 다카 인근의 사바르에 있는 지하 1층, 지상 8층(9층은 불법 증축 중이었습니다.) 빌딩인 라나플라자가 무너졌습니다. 라나플라자 1~2층은 은행과 상점으로 쓰였고, 3층부터 8층까지는 의류 공장이었습니다. 라나플라자의 의류 공장은 해외로부터 위탁받은 옷을 제조하는 현장이었지요.

그런데 어느 날 건물이 순식간에 붕괴되면서 건물 안의 의류 공장에서 일하던 노동자 등 1,100여 명이 숨지고 2,500여 명이 다치는 대형 사고가 일어났습니다. 사고 당시 방글라데시에는 의류 공장이 5,600여 개나 있었고, 의류 제조업에 종사하는 노동자가 400만 명에 이르렀습니다. 요컨대 의류 산업은 방글라데시에서 매우 중요한 산업이었습니다. 직접 제조업에 종사하는 노동자 이외에도 의류 수출을 위한 운송업 등에 간접적으로 고용된 노동자가 2000만 명에 달했다고 하니, 의류 산업이 방글라데시 경제에서 차지하는 비중은 대단했지요. 방글라데시에 의류 산업이 번창한 이유는 다름 아닌 방글라데시의 저임금 덕분이었습니다. 이런 상황은 지금도 다르지 않습니다.

2013년 무렵 방글라데시 노동자 한 달 임금이 35달러(우리 돈 약 4만 5,000원)였다고 합니다(2023년은 평균 113달러, 우리 돈 약 15만 원). 임금이 낮은 곳을 찾는 의류 회사 입장에서 방글라데시는 최적의 제조 현장이었지요. 패스트 패션의 선두주자인 H&M, 자라, 갭, 베네통 등이 방글라데시에 제조 공장을 두고 있던 주요 브랜드였습니다. 방글라데시 정부는 다국적 의류 회사의 위탁 공장을 유치하기 위해 인도의 보팔시가 그랬던 것처럼 각종 특혜를 약속했는데, 이에 외국 기업은 노조 설립 금지를 요구하기도 했습니다. 노동조합조차 없는 방글라데시 의류 공장의 노동 조건은 참혹했습니다.

더욱 안타까운 일은 삼풍백화점 재난처럼, 전조 국면에서 라나플라자 역시 붕괴 위험을 알렸지만 적절한 대처가 이뤄지지 않았다는 점입니다. 건설 비용 절감을 위해 시멘트보다는 모래가 많이 쓰였으며, 시멘트 건물에 꼭 필요한 강화 철근을 거의 사용하지 않고 지어진 라나플라자는 언제라도 붕괴할 위험이 있는 건물이었습니다.

붕괴되기 하루 전날 라나플라자 기둥과 복도에 커다란 균열이 생겼고, 즉시 대피 권고가 내려졌지만 의류 공장은 이를 따르지 않았습니다. 건물을 방문한 경찰이 건물주에게 조업 중단을 요청해 노동자들이 조기 퇴근했음에도, 그날 밤 의류 회사는 집집마다 전화를 걸었습니다. 재검사 결과 건물이 안전하다면서 다음 날 일하러 나오지 않으면 임금을 깎고 해고하겠다고 했고, 협박에 못 이겨 어쩔 수 없이 출근한 의류 공장 노동자들은 재난의 희생자가 되었습니다. 붕괴 직전 상태로 아슬아슬하게 버티고 있던 건물은 의류 공장에서 작업이 시작되면서 재봉틀이 일제히 작동하던 그 순간 폭삭 주저앉고 말았지요. 우리가 값싼 가격에 사 입었던 글로벌 패스트 패션 브랜드 옷 중 어떤 것은 라나플라자 공장에서 만들어졌을지 모릅니다. 우리가 라나플라자 참사와 무관할 수 없는 이유입니다.

발전이 재난을 만들어 낼 수도 있습니다

저개발 상황은 재난의 원인이 될 수 있습니다. 아이티 지진이 그랬던 것처럼요. 하지만 개발이 항상 저개발로 인한 문제를 해결해 주는 구원자는 아닙니다. 어떤 경우 개발은 재난으로부터 우리를 보호해 주는 게 아니라 거꾸로 재난을 불러오기도 합니다. 개발된 국가일수록 화석 에너지를 많이 사용하지요. 원유는 선박을 통해 개발 국가로 이동합니다.

1989년 3월 24일에 벌어진 일입니다. 엑손 발데즈라는 원유 운반선이 미국 알래스카만에서 좌초하면서 원유 24만 배럴이 바다로 유출되는 대형 사고가 발생했습니다. 유출 즉시 각종 바닷새 25만~50만 마리와 해달 2,800~5,000마리가 희생되었습니다. 유출된 원유는 해양 생태계를 교란시켰을 뿐만 아니라 조개류, 대구, 물개가 괴멸될 만큼 큰 타격을 입혔지요.

해양 생태계에 의존해 삶을 꾸려 가던 알래스카 주민들도 이 재난으로 막대한 피해를 입었습니다. 청어의 90퍼센트가 사라지며 청어 조업은 직격탄을 맞았고, 이는 어업에 의존하던 알래스카만 항구 지역 주민의 삶에 치명적이었습니다. 희망을 잃은 알래스카의 항구 도시 코르도바에서는 알코올과 마약 중독자가 늘었고 3,000명이 넘던 인구는 절반 이하인 1,300명으로 줄었습니다. 가정 폭력과 자살률도 급증했습니다. 주민들의 삶이 순식간에 무너진 것입니다.

지도를 펼쳐 놓고 알래스카만을 찾아보세요. 한반도로부터 아주 멀리 떨어져 있어서 엑손 발데즈 원유 유출로 인한 재난이 우리 일처럼 느껴지지는 않습니다. 그러나 과연 우리와 상관없는 일일까요? 알래스카만의 오염된 바닷물은 한반도에 살고 있는 우리에게 아무런 영향을 주지 않을까요?

사고가 일어난 그날엔 거리 때문에 직접적인 재난의 영향권 안에 당장 한반도가 편입되었다고 볼 수 없었지만, 바닷물은 국경을 가리지 않고 순환합니다. 알래스카만의 청어가 사라지면 먹이 사슬로 연결되어 있는 다른 해양 생물이 영향을 받고, 지구의 바다는 모두 연결되어 있기에 언젠가는 모든 바다가 영향을 받을 수밖에 없습니다.

2007년 12월 7일 태안반도 부근에서 해상크레인 부선 삼성중공업 1호가 원유를 수송하던 허베이 스피리트호와 충돌하면서 원유 유출 사고가 발생했습니다. 해양 생태계 파괴는 물론, 태안반도 일대에서 경제 활동을 하던 주민들의 삶에도 직접적인 피해를 주었습니다. 그때 오염된 바닷물 역시 한반도에만 머물지는 않았겠지요.

지진과 허리케인, 태풍 등과 같은 자연재해는 인간에게 해를 끼치고, 재난을 촉발합니다. 자연재해는 인간이 통제할 수 있는 것도 아니고, 인간이 만들어 낸 것도 아닙니다. 인간이 만들어 내지 않았지만 인간을 위협하는 상황을 위해hazard라고 합니다. 반면 자연의 산물이 아니라 인간이 만들어 낸 것이 인간에게 위협을 가하는 상황에는 위험Risk이라는 개념을 사용합니다. 앞서 언급한 엑손 발데즈호나 삼성중공업 1호에서 유출된 원유에 의한 일련의 환경 재난은 위해가 아니라 위험인 것이지요. 특정 과학 기술이 위험을 만들어 낼 가능성에 대해 과학자 모두가 동의한 바는 없습니다. 과학 기술의 위험 가능성은 늘 논쟁적이지요. 원자력 발전소가 대표적인 예라고 할 수 있습니다. 원자력 발전소는 그 자체로 위험이라고 생각하는 과학자가 있는가 하면 어떤 과학자는 안전하다고 주장합니다.

원자력 발전소가 필연적으로 재난을 유발할 것이라고 단언할 수 없듯이, 절대적으로 안전하다고 단언할 수도 없습니다. 모든 원자력 발전소가 재난을 불러오지는 않지만, 어떤 원자력 발전소는 그 어떤 재난과도 비교할 수 없을 정도의 심각한 재난을 일으키기도 했으니까요.

화석 연료 의존을 줄이려고 과학의 힘으로 원자력 발전을 시작했으나

사회적 취약성은 빈곤과 저개발의 형태로만 등장하지는 않습니다. 이번엔 사회적 취약성을 다른 관점에서 살펴보려고 합니다. 재난의 원인은 단순하지 않습니다. 재난은 자연재해와 같은 불행, 인간의 태만과 실수와 거짓과 무책임과 폭력, 권력욕, 냉혹한 이윤 추구, 사고 이후의 미숙한 대처 등등 각종 요인이 복합적으로 작용하여 발생하는 것이지요. 무엇이 재난의 궁극적 원인이었는가에 관해 사회적 논쟁이 끊이지 않는 것도 그 때문입니다.

자연재해에 관련된 재난과 달리 과학 기술의 발전과 결합한 재난의 경우, 전문가 집단 내에서도 재난의 원인에 관한 해석이 상충하기도 합니다. 미래에 심각한 재난을 불러올 것이라고 경고하며 우리에게 각성을 촉구하는 전문가도 있지만, 그런 걱정은 기우에 불과하다며 우리를 안심시키는 전문가도 있지요. 아직 경험하지 못한 미래의 재난이 우려되지만, 어떤 재난이 다가올지 과거의 사례가 없어서 모호한 경우도 있습니다. 유전자 조작 식품의 위험 논쟁이 이런 경우에 해당합니다.

그러다 보니 재난 현장의 안과 밖이 분명하게 구분되어 피해자와 피해자 아닌 사람이 선명하게 구별되는 재난이 있지만, 재난 현장의 안과 밖이 모호해서 당장은 피해자가 아닌 것처럼 보여도 미래에는 피해자가 될 수 있는 재난도 있습니다. 재난 현장에서 상당히 멀리 떨어져 있는 사람까지도 잠재적인 피해자가 될 수 있지요. 원자력 발전이 그렇습니다.

우리는 원자력 발전소의 위험을 통제할 수 있을 정도로 과학 기술이 완전하다고 자신 있게 단언할 수 없습니다. 원자력 발전소를 당장 폐쇄하지 않으면 돌이킬 수 없는 재앙이 일어날 것이라고 단정할 수도 없습니다. 따라서 우리는 원자력 발전소에 대한 찬반 입장을 밝히기 이전에 원자력 발전소가 촉발한 재난의 사례를 분석해 보고자 합니다. 원자력 발전의 안전성 여부는 여전히 논쟁적이지만, 원자력 발전 사고가 있었다는 점 자체는 논쟁의 대상이 아닌 사실이니까요.

미국 펜실베이니아주 해리스버그 근처의 스리마일섬 원자력 발전소 사고부터 살펴보지요. 먼저 원자력 발전소의 작동 원리를 간단히 정리해 보겠습니다. 원자력 발전은 핵분열

과정에서 발생하는 엄청난 열을 이용하는데, 원자로의 노심에서 핵분열이 일어납니다. 원자로에서 발생한 열은 냉각수를 공급하여 식히는데, 원자로에 공급된 냉각수가 높은 열에 반응하여 한순간 수증기로 변하고 이 수증기가 터빈을 돌리고 터빈의 회전에 의해 전기 에너지가 만들어집니다.

1979년 3월 28일 오전 4시, 스리마일 2호기의 제어실에 최초의 경보가 울렸습니다. 자동 밸브 장치에 이상이 생겨 냉각수 공급이 중단되었습니다. 곧 긴급 노심 냉각 장치가 작동했으나, 제어실의 오판으로 작동을 멈추게 했고 냉각수 공급이 끊긴 원자로의 온도가 급상승하여 노심이 녹아내리는 용융melt down 위험성이 생겼습니다. 스리마일 원전은 메트로폴리탄 에디슨(이하 메트에디)이라는 회사가 운영을 맡은 민간 발전소였는데, 메트에디는 10시 55분 기자 회견에서 사고가 발생했지만 모든 것이 통제되고 있으며 공중 보건 관련 위험은 없다고 발표했습니다. 사고 둘째 날 메트에디와 펜실베이니아 주 정부는 인근 지역 주민의 대피가 필요하지 않다고 했지만, 대피 필요성과 노심 용융 가능성을 조사한 원자력 위원회 NRC 내부에서는 전문가들의 의견이 엇갈렸습니다.

사고 3일째 되던 날, 당시 펜실베이니아 주지사 리처드 손버그는 예방적 조치로 원전 반경 8킬로미터 내의 임산부와 미취학 아동의 대피를 권고한다고 발표했습니다. 사고 4일째 되던 날, 원자로 내에 대규모 수소가 형성되어 화재 가능성이 제기되었지만 수소 기포에 대해서 전문가들 사이에 또 의견이 충돌했습니다. 이 소식이 뉴스로 대중에 알려지자 스리마일 사태는 걷잡을 수 없이 확대되기 시작했습니다. 사고 발생 7일째 되던 날, 주지사는 대피한 주민들에게 복귀해도 된다고 발표했지만 오락가락하는 주 정부와 NRC의 발표를 믿을 수 없다고 판단한 주민들은 대규모 반핵 운동에 나섭니다.

현장을 긴급 방문한 지미 카터 당시 미국 대통령은 대통령 자문 위원회를 구성해 사고 원인을 제대로 조사하겠다고 약속했고 사고 발생 6개월 후 조사 보고서를 발표했는데, 이에 따르면 스리마일에 설치된 배브콕 윌콕스 원자로의 압력 안전밸브에 반복적인 문제가 있었음이 확인되었습니다. 당시 제임스 크레스웰이라는 NRC 조사관이 이 사실을 알렸으나 위원회는 그 사실을 숨기려 했다는 사실까지 알려졌습니다.

실제 사고 직전에 원자력 발전소 사고를 다룬 영화인 〈차이나 신드롬〉이 개봉했는데, 까마귀 날자 배 떨어진 격으로 영화 속 상황이 현실이 될 수도 있음을 스리마일 사태는 보여준 것이지요. 원자력 발전에 모든 전문가가 동의하는 단 하나의 진리가 없다는 사실, NRC 같은 원자력 위원회를 무조건 신뢰할 수 없다는 사실, 많은 위험 요소가 전문가 집단에 의해 봉인되어 있다는 깨달음이 더해지면서 스리마일 원전 사고는 미국 내에 반핵 운동이 일어나는 계기가 됩니다. 전문가 집단이 모두를 재난의 피해자로 만들 가능성이 있는 정보를 독점하고, 그들의 필요에 따라 그 정보를 감춘다는 사실은 공공성의 부재를 확인해 줍니다. 공공성의 부재가 불평등만큼이나 사고를 재난으로 만드는 사회적 취약성이라는 사실이 스리마일 사태를 통해 만천하에 드러났습니다.

사고 후 며칠이 지나도록 전 세계는 체르노빌의 진실을 알지 못했습니다

1986년 2월, 모스크바의 붉은 광장에 소비에트 연방 공화국(구 소련) 각지에서 파견된 사람들이 27번째 공산당 대회에 참가하기 위해 모였습니다. 대회장 수용 정원인 5,000명 정도만 초대받을 수 있었기에 공산당 대회는 참석 자체가 큰 영광이었습니다.

고르바초프가 서기장이 되고 나서 처음 열리는 공산당 대회여서 국내외의 관심이 각별했지요. 대회의 핵심 주제는 '우스카레니예uskorenie', 즉 가속화였습니다. 과학적·기술적 진보에 대한 믿음, 과학 기술이 더 나은 미래를 선사할 것이라는 낙관론이 당 대회를 지배했습니다. 원자로를 건설하는 데 공을 세운 체르노빌 발전소장 빅토르 브류하노프는 우크라이나 대표단의 일원으로 당 대회에 참석하는 영예를 누렸습니다.

고르바초프는 당 대회에서 소련이 2000년까지 국내 총생산을 두 배로 늘릴 것이며, 과학 기술 혁명의 발전을 위해 원자력 에너지는 필수적이라고 천명했습니다.

소련 공산당 대회가 열리고 두 달 뒤인 1986년 4월 28일 오전 7시경, 스웨덴의 웁살라 부근 포르스마르크 원자력 발전소의 당직자는 화장실에 갔다가 돌아오던 중 방사능 측정기의 경보음을 처음으로 들었습니다. 난데없는 방사능 경보가 포르스마르크에서 1,257킬로미터나 떨어진 체르노빌로부터 온 것임을 그는 알지 못했지요. 스웨덴뿐만이 아니었습니다. 노르웨이에서는 감마 방사선 수준이 정상보다 두 배나 높아졌고, 핀란드에서는 여섯 배에 달했습니다. 어느 누구도, 심지어 오스트리아 빈에 있는 국제원자력기구IAEA조차도 스칸디나비아 국가들에서 측정된 이 이례적인 방사능의 출처가 어디인지 파악하지 못했습니다. 4월 26일에 우크라이나 체르노빌 원자력 발전소에서 사고가 있었다는 사실을 소련은 외부에 알리지 않았으니까요. 소련 당국은 사고가 일어난 지 사흘이 지나고 고준위 방사능이 스웨덴에서 측정된 지 12시간 이상 지난 뒤에야 겨우 사고 사실을 인정했습니다.

사고가 은폐된 과정을 보겠습니다. 4호기에서 정전 시 전력 공급 실험이 예정되어 있었는데 실험 과정에서 제어봉의 잘못된 설계와 조작 실수가 겹쳐 원자로 내에서 노심 용융이 발생했지요. 비상사태가 벌어지자 근무자는 놀라 비상 버튼을 눌렀고, 길이 7미터짜리 흑연으로 만들어진 178개의 제어봉이 초당 40센티미터씩 하강했습니다. 그러나 노심에 들어간 제어봉은 핵반응 속도를 감소시키지 않고 오히려 증가시켰습니다. 1975년 레닌그라드 원전에서 사고를 일으킬 뻔했던 RBMK 원자로의 설계상 결함이 불러올 수 있는 최악의 상황이 또다시 일어난 것입니다. 이어 두 번의 수증기 폭발이 일어나 거대한 콘트리트 덩어리로 만들어진 원자로 보호막을 통째로 날려 버렸습니다. 공중으로 솟구쳤던 콘크리트 덩어리가 떨어지며 원자로를 다시 덮쳐 원자로는 산산조각이 났고, 조각난 틈으로 새어 나온 막대한 방사능 기둥이 체르노빌 상공을 거쳐 때마침 부는 서북풍을 타고 우크라이나 국경 너머 벨라루스로 이동한 뒤 리투아니아와 발트해를 건너 스웨덴, 핀란드까지 도달했습니다.

체르노빌 폭발로 누출된 방사능 양은 총 5000만 퀴리로 히로시마에서 터진 원자 폭탄의 몇백 개 분량입니다. 플루토늄은 스웨덴까지 날아갔는데, 플루토늄-239의 반감기는 2만 4,000년에 달합니다. 방사능 피폭을 피해 우크라이나, 벨라루스, 러시아 3개국에 이르는 지역에서 약 40만 명이 피난을 떠나야 했습니다. 벨라루스는 체르노빌에 인접해 있다는 지리적 특성 하나만으로 회복할 수 없는 치명타를 입었습니다. 인구가 1000만 명이 안 되는 작은 농업 국가 벨라루스 국민의 5분의 1은 여전히 오염된 지역에 살고 있습니다. 오염 지역 거주민 210만 명 중 어린이가 70만 명입니다. 『벨라루스 백과사전』의 체르노빌 항목은 '벨라루스 국민의 주요 사망 원인은 방사선 피폭이다. 가장 큰 피해 지역에서는 사망률이 출생률을 20퍼센트나 능가한다. 계속되는 저준위 방사선의 영향으로 인해 암, 지적 장애, 신경 정신 질환과 유전자 돌연변이의 발생률이 해마다 증가하고 있다.'* 라고 설명합니다.

체르노빌에선 어떤 피해가 생겼을까요? 화재를 진화하는 데 10일이 걸렸고, 사고 수습에 나섰던 작업자 중 28명이 급성 방사선 장애로 숨을 거두었습니다. 피해자 수는 측정 방법에 따라 다르지만 최소 4,000명에서 최대 1만 6,000명에 이릅니다. 체르노빌 사고 이후 원자로 해체 작업에 참가했던 노동자들은 중증 장애를 입고 끔찍한 고통으로 괴로워하며 죽어 갔습니다. 그들의 꿈은 하나였습니다. 그저 남들처럼 평범하게 살다가 평범하게 세상을 떠나는 것이었지요. 그러나 체르노빌 재난은 이 소박한 꿈을 빼앗았습니다.

우리가 지금까지 다양한 재난 사례를 통해 분석해 본 재난의 구조가 체르노빌에서도 확인됩니다. 원자로 폭발 이전, 체르노빌은 각종 징후를 보였습니다. 그러나 징후는 비밀주의에 의해 무시되었습니다. 본래 체르노빌 원자력 발전소엔 소련의 여러 원전에서 검증이 이루어진, 미국 스리마일에 설

---

* '체르노빌', 『벨라루스 백과사전』, 1996년. (스베틀라나 알렉시예비치, 『체르노빌의 목소리』, 새잎, 2011년, 24~25쪽에서 재인용)

스리마일 섬에서 방사능 오염을 제거하기 위해 작업하는 청소 대원들.

치되었던 가압 경수로 원자로인 VVER 모델이 설치될 예정이었습니다. 그런데 VVER이 아니라 RBMK 원자로가 설치되었습니다. 원전 건설 속도전 때문이었습니다. 검증된 모델 대신 소련에서 개발한 원자로를 설치하면 부품을 현장에서 조립해 원자력 발전소를 빨리 지을 수 있었지요.

RBMK 모델 원자로는 완전히 시험이 끝나지 않은 상태였기에 안전성을 보장할 수 없었습니다. 당연히 전문가 중에서 이 문제를 지적하는 사람이 있었지요. 하지만 그 의견은 속도전에 방해가 된다는 이유로 받아들여지지 않았습니다.

후쿠시마 원자력 발전소 폭발 이후 모습.

오히려 소련 당국은 소비에트 핵 발전소는 세계 최고의 첨단 시설인데, 근거 없이 위험론을 펼친다며 저준위 방사선과 내부 피폭을 연구하는 전문가의 연구실을 폐쇄하고 박사들을

어딘가의 수위로 취직시켜 코트 보관하는 일을 시켰다고 하지요.

체르노빌 재난의 궁극적 원인은 원자력 발전소는 절대적

으로 안전하다는 오판, 원자력 발전소에서는 절대 사고가 나지 않는다는 믿음이었습니다. 체르노빌 주민이자 교사인 류드밀라 드미트리예브나 폴랴스카야는 '그 사실을 깨달았을 때, 큰 충격을 받았어요. 체르노빌이 콜리마와 아우슈비츠, 그리고 홀로코스트를 넘어선다는 걸 알게 됐어요. 도끼와 화살을 든 사람이나 척탄포와 가스실을 가진 사람은 인류를 절멸하는 데 실패했어요. 하지만 원자를 가진 사람은…….'* 이라고 말하며 전 세계가 위험에 빠지게 된 것을 알게 되었다고 이야기했습니다. 체르노빌 재난의 핵심을 누구보다 잘 표현한 증언입니다.

원전이 세워진 땅에는 국경이 있지만, 원전 위의 하늘을 떠도는 공기는 국경의 제한을 받지 않습니다. 재난에는 국경이 없다는 것, 그렇기에 다른 나라에서 일어난 재난이라 할지라도 우리는 강 건너 불구경하듯 막연한 남의 일로 여길 수 없음을 체르노빌은 우리에게 교훈으로 남겨 주었습니다.

* 스베틀라나 알렉시예비치, 김은혜 옮김, 『체르노빌의 목소리』, 새잎, 2011년, 309~310쪽.

우리는 후쿠시마에 대해 얼마나 제대로 알고 있을까요?

2011년 3월 11일 오후 2시 46분, 일본 혼슈 동북부 도호쿠 지방의 태평양 연안에서 일본 지진 관측 사상 최대 규모인 진도 9.0의 대지진이 발생했고, 곧이어 대형 쓰나미가 일본 동부 해안을 덮쳤습니다. 후쿠시마 원자력 발전소도 안전하지 않았지요.

쓰나미로 인해 후쿠시마 원전 변전소가 침수되면서 전원 공급이 중단되었습니다. 백업용 배터리가 가동되었으나 설계 용량인 8시간 후에 방전되어 냉각 시스템이 제대로 작동하지 못하는 일이 벌어졌습니다. 원자로에는 지속적으로 냉각수가 공급되어야 합니다. 그러지 않으면 핵연료 융합으로 발생하는 고열이 원자로 온도를 급상승시키고, 핵연료가 외부로 노출되면 연료봉 반등으로 인한 수소 폭발이 일어나고, 수소 폭발은 원자로 자체를 통째로 날려 버릴 수 있음이 체르노빌 사고를 통해 확인되었지요. 후쿠시마 원자력 발전소에서 같은 일이 일어났습니다. 냉각 시스템이 제대로 작동하지 못하면서 3월 12일 1호기에서 수소 폭발이 일어났고, 3월 14일에는 3호기 수소 폭발이, 3월 15일에는 4호기까지 수소 폭발이 일어났습니다.

이 재난의 궁극적 책임은 인간 통제 영역 밖에 있는 지진과 지진으로 인한 쓰나미에 있을까요? 당시의 도호쿠 지진이 일본에서 유일하게 발생한 지진이 아니고, 일본에서 지진이 자주 발생한다는 것은 누구나 다 알고 있습니다. 당연히 일본에 들어서는 시설은 지진 발생 가능성을 염두에 두고 지어지지요. 이런 내진 설계와 각종 예방 조치 덕분에 일본에서는 지진이 일어나도 아이티 지진과는 달리 엄청난 규모의 인명 피해가 발생하지 않았습니다.

지진이 언제 어느 지역에서 발생할지 사전에 정확히 예측할 수는 없습니다. 지진이 불확실한 현상임은 분명합니다. 인간은 그 불확실성을 완벽하게 통제할 수 없습니다. 게다가 지진이 발생했을 때 입는 위해의 정도도 모호합니다. 전문가에 따라 피해 규모 예측이 다르기도 하지요. 이런 불확실성과 모호성이 겹쳐 있기에 원자력 발전소의 안전에 관해 완벽한 장담은 더더욱 불가능합니다. 위험을 경고하는 목소리가 원자력 발전소는 차 끓이는 주전자만큼이나 안전하다는 확실성과 완전성을 내세운 주장에 의해 묻혀 체르노빌의 재앙이 벌어졌다면, 일본 특유의 폐쇄적인 의사소통 시스템과 비밀주의가 자연재해로 시작된 사고를 후쿠시마 원전 폭발이라는 재난으로 만들었습니다.

지진 발생 약 50분 후 높이 15미터의 쓰나미가 발전소를 덮쳤는데, 발전소는 지진 해일의 높이를 5미터로 예측하고 설계되었습니다. 예방 설계와 실제 쓰나미의 높이는 10미터나 차이 났고, 이 격차가 무시무시한 후쿠시마 원전 재난을 불러일으킨 것이지요. 불충분한 지진 해일 예측을 염두에 둔 설계가 자연재해를 재난으로 만든 것입니다.

당연히 평범한 시민은 원자력 발전의 위험에 대한 과학적 판단을 내릴 수 없습니다. 그래서 우리는 그래서 전문가에게 판단을 위임합니다. 그때 우리는 전문가는 사적 이익을 추구하지 않고, 공동의 이익의 관점에서 가능한 한 최선의 선택을 공평무사의 원칙에 따라 취하는 사람이라고 믿습니다. 그 믿음이 전문가에 대한 신뢰의 기초입니다.

원자력 발전을 설계하고 관리하는 일은 전문가적 판단의 영역이며 기술적 문제입니다. 그러나 실패할 경우 그로 인한 위험은 우리 모두를 피해자로 만듭니다. 위험의 이러한 속성 때문에 전문가 위주의 위험 관리 방식이 유일한 방식이 될 수는 없지요. 스리마일 원전 사고에서는 기술적 관리를 책임진 발전 회사가 모두의 안전이라는 공익보다 기업의 이윤이라는 사적 이익을 우선시할 때 위험이 발생할 수 있음을 보여 줬고, 체르노빌은 전문가 위주의 위험 관리 방식이 관료제의 폐쇄성과 결합할 경우 위험을 통제하기는커녕 재난을 불러일으킴을 입증했습니다. 공공성의 부재는 빈곤과 같은 사회적 취약성 못지않게 사고나 피해를 재난으로 만들 수 있는 심각한 사회적 취약성입니다.

우리는 원자력 발전소에서 만들어진 전기를 사용하는 소비자이면서 동시에 위험 관리를 소수의 기술 관료 전문가에게만 맡기지 않고 직접적인 이해 당사자로서 정책 결정에 참여해 권리를 주장하는 공민公民이어야 합니다. RBMK 원자로와 VVER 원자로의 특징과 각각의 장단점이 정보의 폐쇄성에 갇혀 있지 않고 공론장에서 논의되었다면, 기술적 방식의 위험 관리가 아니라 공론의 방식에 의한 위험 관리가 가능했을 것입니다. 원전 사고 이후 체르노빌의 진실이 소련 당국에 의해 은폐되지 않고 그대로 공개되었다면, 방사능 피폭 피해자 규모가 축소될 수도 있었습니다. 전문가 사이에서도 위험 가능성을 두고 의견이 분분한 경우, '최선의 안전 모델은 광범위한 참여를 보장하는 의사 결정 방식을 채용해 사회적 담론과 공감대를 이끌어 내는 것'* 이 관건입니다. 시민과 정보를 공유하고, 시민이 정책 결정 과정에까지 참여하는 것은 해

* 장덕진 외, 서울대학교 사회발전연구소 기획, 『세월호가 우리에게 묻다』, 한울아카데미, 2015년, 78쪽.

당 정책의 투명성과 정당성을 높이는 거의 유일한 방법입니다. 설사 기술적 위험 통제에서 실책이 있더라도 그로 인해 치러야 할 사회적 비용과 사회 갈등을 낮출 수 있는 유일한 방법이기도 합니다. 그러나 후쿠시마엔 이런 사회적 위험 관리 방식이 재난 이전에도, 재난 이후에도 없었습니다.

일본의 원자력 발전은 서브 거버먼트 모델에 의해 움직이는 전문가 폐쇄형이었습니다. 서브 거버먼트 모델에선 정치인, 관료, 업계 전문가로 구성된 특정 집단이 고도의 자율성을 가지고 국가 공공 정책의 결정권을 사실상 독점합니다. 이 모델은 전문적인 분야라는 이유로 시민의 참여를 허락하지 않습니다. 폐쇄적인 의사 결정 구조는 전문가 집단이 공익을 지향하지 않고 이익을 나눠 갖는 조직으로 전락할 때 위험을 만들어 냅니다. 만약 이들이 자신의 이익과 체면을 우선시하고 불이익을 두려워해 대중에 공개되고 공유되어야 할 정보를 통제하는 데 급급해한다면 어떻게 될까요?

후쿠시마 원전 사고 이후, 실제 위험은 정보의 비밀주의와 불투명성에 의해 만들어졌습니다. 사고 뒤 일본의 언론 보도 자유에 대한 평가는 하락하고 있습니다. 국제 저널리스트 조직 '국경 없는 기자회'가 발표한 세계 언론 자유 지수 순위에서 일본은 동일본 대지진 이전인 2010년 12위에서 2012년 22위, 2013년에는 53위로 떨어졌습니다. 원전 사고에 대한 미디어의 독자적 취재를 금지한 일본 정부의 대응 방식 때문입니다. 일본 정부는 2013년에 국가 안보상 필요하다면 특정 정보를 비밀로 지정할 수 있고, 지정된 특정 비밀을 누설하면 처벌하는 '특정 비밀 보호법'을 제정했는데 누가 봐도 후쿠시마를 겨냥한 법입니다. 그 결과, 일본의 세계 언론 자유 지수 순위는 계속 추락해 2023년 68위로 여전히 정보 통제의 폐쇄성이 유지되고 있습니다. 오염수 방류 과정만 보아도 알 수 있지요. 후쿠시마 재난이 현재 진행형인 이유입니다. 바다는 순환합니다. 후쿠시마 재난이 현재 진행형인 한, 주변 국가뿐만 아니라 지구의 바다를 공유하는 인류 모두가 후쿠시마 재난에 연루되어 있는 셈입니다.

7장

혼자 걷게 하지 않도록 함께 부르는 노래

우정과 연대가 입법과 사법과 행정을 움직입니다

재난으로 세상을 떠난 수많은 희생자가 있습니다. 우리는 그들을 인사도 없이 보낼 수는 없습니다. 애도는 희생자에게 보내는 마지막 인사이자 그들을 잊지 않겠다는 약속입니다. 애도는 인간의 상호 의존성을 나타내며, 타인의 고통을 외면하지 않고 자신의 것으로 삼겠다는 표현입니다. 직접적인 사회적 관계가 없었다 하더라도, 사적으로 아는 사이가 아니었어도 성숙한 인간이라면 무고한 희생자를 애도하며 조의를 표합니다. 그래서 우리는 세월호를 애도하는 노란 리본을, 이태원 참사에서 세상을 떠난 그들을 생각하며 검은 리본을 달았습니다.

재난으로부터 생존했다고 끝이 아닙니다. 재난은 치명적인 후유증을 낳습니다. 기적적인 생존자는 남아 있는 삶 동안 재난의 충격과 맞서 싸워야 합니다. 1989년 영국 힐즈버러 축구 경기장에서 발생한 치명적인 군중 사고의 생존자, 당시 스물다섯 살이었던 앤 에어Anne Eyre가 2022년 11월 이태원 참사 유가족에게 편지를 보냈습니다. 편지에서 앤 에어는 자신의 경험을 토대로 호소합니다. 참사의 유가족 그리고 생존자에겐 잘못이 없으며, 그들을 위한 '사회적 지지'가 필요하다고 강조하면서 자신의 경험을 이렇게 한 문장으로 요약했습니다. "단결은 힘입니다. 동료 지원(우리에 의한, 우리를 위한)은 확실히 저를 구했고, 지금도 저는 그들과 단단한 우정을 유지하고 있습니다."* 김용균 씨의 어머니, 이제는 김용균재단의 이사장인 김미숙 씨도 인터뷰에서 "일반인이라면 이런 일 있더라도 큰 회사 상대로 혼자 싸우지는 못했을 거라고 생각해요. 저 같은 경우에는 여러 단체가 함께해 줘서 이런 힘을 발휘할 수 있었다고 생각해요. 그런 점에서 저는 어쩌면 운이 좋은 거 아닌가 싶어요."**라고 말하며, 연대와 우정이 김용균 씨를 잊지 않으려는 기억 투쟁을 이끈 힘이었음을 강조합니다.

앤 에어는 힐즈버러 유가족들과 함께 정의를 위한 행진을 계속하고 있습니다. 그들은 정의 없는 사회의 무고한 희생자가 더 이상 나오지 않도록 이른바 '힐즈버러 법Hillsbourough Law' 제

* 〈영국 압사 참사 생존자가 한국에 보낸 편지 "당신 잘못이 아니에요"〉, 오마이뉴스, 2022.11.04.

** 〈아들을 가슴에 묻고, 거친 세상 향해 발걸음〉, SBS취재파일, 2021.02.20.

정을 위한 캠페인을 벌이고 있습니다. '힐즈버러 법'은 법적으로 집행 가능한 "솔직함의 의무"를 도입하여 경찰 등 공공 당국이 주요 사건 이후 조사 및 법원 절차를 완전하게 공개하고 진실만을 말하며, 유가족과 공권력이 법적으로 동등한 위치에 서도록 조사와 재판에서에서 유가족들이 법적 대리를 할 때 경찰, 공공 기관 및 관련 기업에 제공되는 자금과 동등한 공공 자금을 제공하는 것을 핵심 내용으로 삼습니다. 이와 병행해 2012년 독립 조사 보고서가 발표된 이후에도 침묵을 지키던 영국 경찰도 2023년 1월 마침내 사과의 뜻을 표했습니다. 영국 경찰청장협의회와 경찰협회는 공동 입장문에서 "경찰의 실패가 비극의 주요 요인"이라며 유족이 겪은 고통에 대해 뒤늦었지만 공식적인 사과를 했습니다. 경찰의 공식 사과는 중요한 전환점입니다. 사죄의 요청이기 때문입니다. 참사 발생 34년 만의 일이었습니다.

진솔한 사죄 요청이 있어야 궁극적 용서Vergebung도 가능합니다

영국 경찰의 사과 소식을 접하며 도스토옙스키의 소설 『죄와 벌』을 떠올립니다. '죄'는 범죄보다, '벌'은 형벌이나 처벌보다 더 근원적인 성찰을 담고 있습니다. 범죄를 저지른 자에게 형사 처벌을 내린다고 해서 우리가 재난 이전의 과거로 돌아갈 수 있을까요? 형사 처벌만이 재난 피해자에게 원상회복을 가능하게 해 주는 유일한 수단일까요? 범죄와 형벌은 법정에서 법원이 다루는 영역이지만, 죄와 벌은 사회가 재난 이후 가해자와 그 가해자를 만들어 낸 사회 구조에 책임을 묻는 사유의 틀입니다.

'범죄'는 재난 사태 발생 국면만을 문제 삼지만, '죄'는 깊은 기억의 힘을 원동력으로 삼아 재난의 잠정 국면으로까지 거슬러 올라가 근본적으로 따져 물어 찾아낸 잘못을 표현하는 단어입니다. 처벌은 끝났어도 죄에 대한 책임은 사라지지 않습니다. 처벌받지 않았다고, 아니 처벌을 받았으니 이젠 떳떳하다고 주장할 일이 아닙니다. 법적 처벌과는 별개로 참사에 직간접적으로 연관되어 있는 행위자는 재난의 희생자와 생존자 그리고 유족에게 진솔한 사과를 건네고 사죄를 청해야 합니다.

재난의 가해자는 행위에 대한 범죄 이전에 피해자에게, 그리고 사회 전체에 돌이킬 수 없는 충격을 준 죄가 있습니다. '형벌'에 따른 형기가 끝났어도 달게 '벌'을 받겠다는 죄에 대한 의식은 여전히 필요합니다. 사죄 요청은 이미 '처벌'은 받았지만 희생자와 유족 그리고 사회가 주는 '벌'을 달게 받

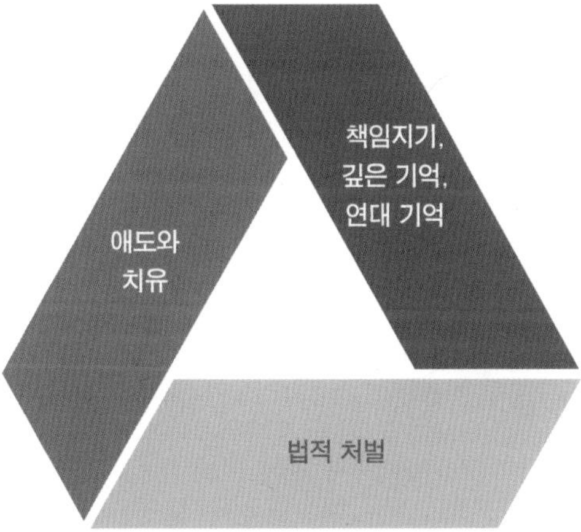

재난과 회복

겠다는 의지가 있어야 가능한 행위입니다.

재난의 피해자는 가해자를 쉽게 용서할 수 없습니다. 재난 피해자가 가해자에게 품는, 혹은 가해의 메커니즘을 가진 사회에 품는 적대감을 윤리적으로 미성숙하다고 말할 수 있을까요? 피해자의 불신과 분노는 정당합니다. 재난 이후의 새로운 미래가 시작되려면 그 분노와 불신이 해소되는 절차가 필요합니다. 진심으로 용서를 구하는 사죄의 요청만이 불신을 사라지게 할 수 있습니다. 사죄의 요청이 진심일 때, 그때에야 비로소 피해자는 복수하겠다는 마음을 접고 용서할 수 있습니다.

용서는 강요되어서는 안 됩니다. 용서는 재난을 겪은 피해자의 몫입니다. 피해자가 용서할 때 용서가 이뤄지는 것이지, 외부로부터 용서의 윤리적 우월성을 내세워 피해자에게 용서를 강요해서는 안 됩니다. 그렇지만 동시에 용서는 재난의 희생자가 또 다른 재난의 가해자가 되지 않도록 하는, 그리하여 재난의 재생산이라는 끝없는 악무한으로부터 우리를 구원할 수 있는 유일한 마지막 방법이지요.

재난의 피해자에게 용서를 구하는 행위, 용서 요청이 단번에 받아들여지지 않으리라는 것을 알고 있지만 거듭 용서를 구하는 행위, 그리하여 마침내 아무런 강요 없이도 재난의 피해자가 그 요청을 받아들여 용서가 이뤄지는 순간, 그 오래된 기억 투쟁에서 '투쟁'이라는 단어는 사라져도 될 것입니다.

우리는 함께 노래 부릅니다, 누구도 홀로 걷지 않도록

그날은 언제 올까요? 가해자가 진심으로 사죄를 청하고 그 요청이 받아들여져 용서가 이뤄지는 날, 그래서 우리가 반복되는 재난의 구조에서 다른 길로 접어들 바로 그날 말입니다. 〈혼자 걷게 하지 않을 거야You'll never walk alone〉라는 노래는 리버풀 FC의 응원가입니다. 축구 경기 시작 전에 팬들은 이 노래를 부르지요. 하지만 이 노래는 더 이상 리버풀 팀 팬만의 노래가 아닙니다. 힐즈버러 참사 이후, 힐즈버러 참사의 진실을 은폐하려는 조직적 시도에 맞서 진실과 정의를 위해 유가족과 연대했던 모든 사람의 노래가 되었습니다. 이 노래의 가사는 이렇습니다.

당신이 폭풍을 뚫고 홀로 걸을 때 / 고개를 치켜드세요 / 그리고 어둠을 두려워 하지 마세요 // 그 폭풍 끝에는 / 황

금빛 하늘과 / 종달새의 달콤한 은빛 노래가 있을 테니까요

(When you walk through a storm / Hold your head up high / And don't be afraid of the dark // At the end of a storm / There's a golden sky / And the sweet silver song of a lark)

유튜브에서 'you'll never walk alone'을 검색하면 리버풀 팬들이 스타디움에서 응원을 하며 다 함께 부르는 영상이 많이 올라와 있지만, 1989년 힐즈버러 참사의 희생자들은 죄 없이 죽었다는 보고서가 발표되던 날, 그들의 유가족이 팬들과 함께 부르는 영상을 꼭 봐 주시길 청합니다.

어둠 속을 홀로 걷는 당신 곁에 내가 있겠다는 노랫말은 이런 내용으로 끝을 맺습니다. '걷고 또 걸으세요 / 마음속 희망과 함께요 / 그러면 당신은 결코 홀로 걷지 않을 거예요 /

결코 홀로 걷지 않을 거예요(Walk on, Walk on / With hope in your heart / And you'll never walk alone / You'll never walk alone)'

이 노래를 지금도 정의를 위해 행진하고 있는 힐즈버러 유가족과 함께 불러 봅시다. 절대 포기하지 않았던 힐즈버러 참사의 유가족, 그들을 혼자 걷게 하지 않겠다고 다짐한 리버풀 축구 팬의 마음을 가슴에 새기며 우리도 그 연대와 기억의 정신을 이어받아 함께 노래 부릅니다. 세월호 유가족에게, 가습기 살균제 참사 피해자에게, 이태원 참사의 유가족에게, 또 다른 김 군과 김용균의 가족과 친구들과 함께 불러 봅니다. 다시는, 다시는 당신들을 혼자 걷게 하지 않겠다고. You'll never walk alone.

참고 문헌

- 미치코 가쿠타니, 김영선 옮김, 『진실 따위는 중요하지 않다』, 돌베개, 2019.
- 가타야마 나쓰코, 이언숙 옮김, 『최전선의 사람들』, 푸른숲, 2022.
- 피에르 노라 외, 김인중 외 옮김, 『기억의 장소』, 나남, 2010.
- 에리히 마리아 레마르크, 홍성광 옮김, 『서부 전선 이상 없다』, 열린책들, 2009.
- 프리모 레비, 이현경 옮김, 『이것이 인간인가』, 돌베개, 2007.
- 피터 마스, 최정숙 옮김, 『네 이웃을 사랑하라』, 미래의창, 2002.
- 필 마셜, 이정구 옮김, 『인티파다』, 책갈피, 2001.
- 존 C. 머터, 장상미 옮김, 『재난 불평등』, 동녘, 2016.
- 마리아 미스 · 반다나 시바, 손덕수 · 이난아 옮김, 『에코페미니즘』, 창비, 2020.
- 지그문트 바우만, 정일준 옮김, 『현대성과 홀로코스트』, 새물결, 2013.
- 로버트 베번, 나현영 옮김, 『집단 기억의 파괴』, 알마, 2012.
- 볼프강 벤츠, 최용찬 옮김, 『홀로코스트』, 지식의 풍경, 2002.
- 알렉산드로 솔제니친, 김학수 옮김, 『수용소 군도』, 열린책들, 2020.
- 마이클 셔머, 류운 옮김, 『왜 사람들은 이상한 것을 믿는가』, 바다출판사, 2007.
- 필립 쇼트, 이혜선 옮김, 『폴 포트 평전』, 실천문학사, 2008.
- 랄프 쇤만, 이광조 옮김, 『잔인한 이스라엘』, 미세기, 2003.
- 수전 손택, 이재원 옮김, 『타인의 고통』, 이후, 2024.
- 티머시 스나이더, 조행복 옮김, 『블랙 어스』, 열린책들, 2018.
- 알라이다 아스만, 변학수 · 채연숙 옮김, 『기억의 공간』, 그린비, 2011.
- 스베틀라나 알렉시예비치, 김은혜 옮김, 『체르노빌의 목소리』, 새잎, 2011.
- 아이리스 매리언 영, 허라금 외 옮김, 『정의를 위한 정치적 책임』, 이화여자대학교 출판문화원, 2018.
- 엘리 위젤, 김하락 옮김, 『나이트』, 위즈덤하우스, 2023.
- 로버트 이글스톤, 김원기 옮김, 『포스트모더니즘과 유대인 대학살의 부인』, 이제이북

스, 2004.
- 리처드 오벤든, 이재황 옮김, 『책을 불태우다』, 책과함께, 2022.
- 욥, 김동훈 옮김, 『욥의 노래』, 민음사, 2016.
- 클로드 란츠만, 이채영 옮김, 『쇼아』, 필로소픽, 2022.
- 브룬힐데 폼젤, 박종대 옮김, 『어느 독일인의 삶』, 열린책들, 2018.
- 세르히 플로히, 허승철 옮김, 『체르노빌 히스토리』, 책과함께, 2021.
- 찰스 페로, 김태훈 옮김, 『무엇이 재앙을 만드는가』, 알에이치코리아, 2013.
- 파올로 코시, 이현경 옮김, 『메즈 예게른』, 미메시스, 2011.
- 레베카 크누스, 강창래 옮김, 『20세기 이데올로기, 책을 학살하다』, 알마, 2012.
- 티에리 크루벨리에, 전혜영 옮김, 『자백의 대가』, 글항아리, 2012.
- 허버트 허시, 강성현 옮김, 『제노사이드와 기억의 정치』, 책세상, 2009.
- 존 허시, 김경희 옮김, 『1945 히로시마』, 책과함께, 2015.
- 니콜라이 호바니시안, 이현숙 옮김, 『아르메니아인 제노사이드』, 한국학술정보, 2011.
- 아즈마 히로키 외, 양지연 옮김, 『체르노빌 다크 투어리즘 가이드』, 마티, 2015.
- 가습기 살균제 사건과 4.16 세월호 참사 특별위원회, 『가습기 살균제 참사 종합 보고서』, 2022.
- 가습기 살균제 피해자들, 『내 몸이 증거다』, 스토리플래너, 2021.
- 김경원 외 역, 『그들은 왜 일본군 '위안부'를 공격하는가』, 휴머니스트, 2014.
- 김명희, 「5.18 자살의 계보학」, 『경제와 사회』 126호, 2020.
- 김명식, 『공간, 시대를 기억하다』, 뜨인돌, 2022.
- 권미정, 림보, 희음, 『김용균, 김용균들』, 오월의봄, 2022.
- 노근리사건조사반, 『노근리 조사 결과 보고서』, 국방부 군사편찬연구소, 2001.
- 노근리 사건 희생자 심사 및 명예회복위원회, 『노근리 사건 희생자 심사 보고서』, 노근리 사건 희생자 심사 및 명예회복위원회, 2006.
- 민주 사회를 위한 변호사 모임, 『416 세월호 민변의 기록』, 생각의 길, 2014.
- 문병란 · 전용호, 『부서진 풍경』, 5·18기념재단, 2000.
- 박상은, 『대형 사고는 어떻게 반복되는가』, 사회운동, 2014.
- 박래군, 『우리에겐 기억할 것이 있다』, 클, 2020.

- 박찬식, 『4.3과 제주 역사』, 각, 2008.
- 산만언니, 『저는 삼풍 생존자입니다』, 푸른숲, 2021.
- 장덕진 외, 『세월호가 우리에게 묻다』, 한울아카데미, 2015.
- 이재승, 『국가범죄』, 앨피, 2010.
- 이태원 참사 인권실태조사단, 『10.29 이태원 참사, 인권으로 다시 쓰고 존엄으로 기억하다』, 10.29 이태원 참사 시민대책위원회, 2023.
- 임지현, 『기억 전쟁』, 휴머니스트, 2019.
- 임지현, 『희생자의식 민족주의』, 휴머니스트, 2021.
- 오준호, 『세월호를 기록하다』, 미지북스, 2015.
- 제주4.3 70주년 기념사업회, 『4.3이 머우꽈?』, 각, 2018.
- 제주4.3연구소 엮음, 『4.3과 여성, 그 살아낸 날들의 기록』, 각, 2020.
- 정구도, 『노근리 사건의 진상과 교훈』, 두남, 2003.
- 정구도, 『노근리는 살아 있다』, 백산서당, 2003.
- 정아은, 『전두환의 마지막 33년』, 사이드웨이, 2023.
- 정은용, 『그대, 우리의 아픔을 아는가』, 다리미디어, 2000.
- 정근식 엮음, 『전쟁 기억과 기념의 문화 정치』, 진인진, 2016.
- 충청북도 영동군, 『노근리 사건 자료 모음』 증보 개정판, 충청북도 영동군, 2007.
- 최영환 · 이혁진, 「다크투어리즘을 활용한 역사 교훈 관광지의 이해」, 『한국사진지리학회지』 20권 3호, 2010.
- 최호근, 『기념의 미래』, 고려대학교 출판문화원, 2019.
- 416 세월호 참사 시민기록위원회 작가기록단, 『금요일엔 돌아오렴』, 창비, 2015.
- 『4.16 세월호 참사 종합보고서』
- 『가습기 살균제 사건과 4.16 세월호 참사 특별조사위회 권고』
- 집단 살해죄(제노사이드)의 방지와 처벌에 관한 협약(Convention on the Prevention and Punishment of the Crime of Genocide, 1948)
- 세계인권선언(1948)
- 이주연, "영국 압사 참사 생존자가 한국에 보낸 편지, "당신 잘못이 아니에요"", 《오마이뉴스》, 2022. 11. 4.
  └https://www.ohmynews.com/NWS_Web/View/at_pg.aspx?CNTN_

CD=A0002877541(검색 2024년 2월 12일)

- 윤춘호, "[그사람] 아들을 가슴에 묻고, 거친 세상 향해 발걸음", 《SBS》, 2021. 2. 20.
  └https://news.sbs.co.kr/news/endPage.do?news_id=N1006214923&plink=COPYPASTE&cooper=SBSNEWSEND(검색 2024년 2월 12일)

기억의 장소

- 5·18민주화운동기록관: 광주광역시 동구 금남로 221
  └https://www.518archives.go.kr/index.do
- 국립 5·18 민주묘지, 망월동 묘지: 광주광역시 북구 수곡동 산 29-2/광주광역시 북구 민주로 285
- 전쟁기념관: 서울특별시 용산구 이태원로 29
  └https://www.warmemo.or.kr:8443/
- 국립현충원: 서울특별시 동작구 사당2동 산41-2
- 제주 4·3평화공원: 제주특별자치도 제주시 명림로 430
- 민주인권기념관: 서울특별시 중구 퇴계로26가길 6
- 전태일 기념관: 서울특별시 종로구 청계천로 105
  └https://www.taeil.org/
- 노근리 평화공원: 충청북도 영동군 황간면 목화실길 7
  └https://www.yd21.go.kr/nogunri/
- 4·16재단
  └https://416foundation.org/
- 4·16 Museum
  └https://416museum.org/
- 세월호 일반인 희생자 추모관: 인천광역시 부평구 평온로 61
- 416기억저장소: 경기 안산시 단원구 인현중앙길 38
- 4·16기억교실, 4·16민주시민교육원: 안산시 단원구 적금로134
- 416생명안전공원(계획)
- 일본군 위안부 기림비: 서울특별시 중구 회현동1가 100-266
- 일본군 위안부 기억의 터: 서울특별시 중구 퇴계로26가길 6
- 히로시마 평화기념공원(広島平和記念資料館): 히로시마, 일본

└https://hpmmuseum.jp/?lang=eng

- 아우슈비츠-비르케나우 수용소(Auschwitz-Birkenau): 오시비엥침, 폴란드

  └https://www.auschwitz.org/en/

- 나치 기록센터(NS-Dokumentationszentrum): 뉘른베르크, 독일

  └https://www.nsdoku.de/

- 난징 대학살 기념관(南京大屠杀纪念馆/The Memorial of the Nanjing Massacre): 난징, 중국

  └https://www.19371213.com.cn/en/

- 맨체스터 민중사 박물관(People's History Museum): 맨체스터, 영국

  └https://phm.org.uk/

- 투올슬렝 대학살 박물관(Tuol Sleng Genocide Museum) : 프놈펜, 캄보디아

  └https://tuolsleng.gov.kh/en/museum/

- 아르메니아 대학살 박물관(Armenian Genocide Museum): 에레반, 아르메니아

  └http://www.genocide-museum.am/eng/index.php

- 9.11 추모관(National September 11 Memorial & Museum): 뉴욕, 미국

  └https://www.911memorial.org/visit/museum

- 반다아체 쓰나미 박물관(The Aceh Tsunami Museum): 반다아체, 인도네시아

  └https://museumtsunami.id/

- 테러의 지형도(Topographie des Terros): 베를린, 독일

  └https://www.topographie.de/en/

- 베를린 안네 프랭크 센터(Anne Frank Zentrum Berlin): 베를린, 독일

  └https://www.annefrank.de/en/exhibition-berlin

- 베트남 전쟁 박물관(War Remnants Museum) : 호치민, 베트남

  └https://warremnantsmuseum.com/

- 국립 체르노빌 박물관: 키이우, 우크라이나

  └http://chornobylmuseum.kiev.ua/en/

- 부헨발트 강제 수용소: 바이마르, 독일

  └https://www.buchenwald.de/

관련 영화

- 〈그들이 아버지를 죽였다(First They Killed My Father)〉, 앤젤리나 졸리, 2017.
- 〈나는 부정한다(Denial)〉, 믹 잭슨, 2016.
- 〈낮은 목소리〉, 변영주, 1995.
- 〈돈 룩 업(Don't look up)〉, 애덤 매케이, 2021.
- 〈뮤직박스(Music Box)〉, 코스타 가브라스, 1989.
- 〈서울의 봄〉, 김성수, 2023.
- 〈쇼아(Shoah)〉, 클로드 란츠만, 1985.
- 〈쉰들러 리스트(Schindler's List)〉, 스티븐 스필버그, 1993.
- 〈실크우드(Silkwood)〉, 마이크 니콜스, 1983.
- 〈앤. 어머니의 이야기(Anne: One Mother's Story)〉, 브루스 구디슨, 1989.
- 〈언스토퍼블(Unstoppable)〉, 토니 스콧, 2010.
- 〈이터널 메모리(The Eternal Memory)〉, 마이테 알베르디, 2023.
- 〈인생은 아름다워(La vita è bella)〉, 로베르토 베니니, 1997.
- 〈킬링 필드(The Killing Field)〉, 롤랑 조페, 1985.
- 〈컨테이전(Contagion)〉, 스티븐 소더버그, 2011.
- 〈피아니스트(The Pianist)〉, 로만 폴란스키, 2002.
- 〈트리 오브 피스(Trees of Peace)〉, 알라나 브라운, 2022.
- 〈택시운전사〉, 장훈, 2017.
- 〈차이나 신드롬(The China Syndrome)〉, 제임스 브리지스, 1979.
- 〈호텔 르완다(Hotel Rwanda)〉, 테리 조지, 1994.
- 〈힐스버러(Hillsborough)〉, 대니얼 고든, 2014.
- 〈멜트다운: 스리마일섬의 진실(Meltdown. Three Mile Island)〉, 2022.

사진 출처

2장

- 42쪽 ⓒ미국 의회도서관
- 43쪽 위키미디어 커먼스, ⓒTeotig
- 53쪽 ⓒ미국 환경보호청
- 54쪽 ⓒ미국 환경보호청

3장

- 69쪽 위키미디어 커먼스
- 70쪽 위키미디어 커먼스,ⓒ鮑向阳
- 94쪽 위키미디어 커먼스, ⓒ서울시 소방재난본부
- 98쪽 ⓒ유럽우주국(ESA)
- 99쪽 위키미디어 커먼스, ⓒ미국 해양대기청(NOAA)

4장

- 115쪽 ⓒ아사히 신문
- 117쪽 ⓒ노근리평화박물관 채널
- 126쪽 ⓒ서울신문

5장

- 146쪽 위키미디어 커먼스
- 147쪽 ⓒ경향신문
- 154쪽 위키미디어 커먼스, ⓒAdam Jones
- 155쪽 ⓒ경향신문

6장

- 172쪽 ⓒBhopalMedicalAppeal
- 191쪽 위키미디어 커먼스